问题学生这样教

赵坡 著

 长江出版传媒 ｜ 长江文艺出版社

图书在版编目（CIP）数据

问题学生这样教 / 赵坡著. -- 武汉 ：长江文艺出版社，2021.8
　（大教育书系）
　ISBN 978-7-5702-2088-5

　Ⅰ. ①问… Ⅱ. ①赵… Ⅲ. ①后进生－教育研究
Ⅳ. ①G455

中国版本图书馆 CIP 数据核字 (2021) 第 084249 号

问题学生这样教

WENTI XUESHENG ZHE YANG JIAO

责任编辑：黄海阔　　　　　　　　责任校对：毛　娟

封面设计：周　佳　　　　　　　　责任印制：邱　莉　杨　帆

出版：长江出版传媒 ｜ 长江文艺出版社

地址：武汉市雄楚大街 268 号　　　　邮编：430070

发行：长江文艺出版社

http://www.cjlap.com

印刷：湖北画中画印刷有限公司

开本：710 毫米×970 毫米　　　1/16　　印张：16.75　　插页：1 页

版次：2021 年 8 月第 1 版　　　　2021 年 8 月第 1 次印刷

字数：189 千字

定价：42.00 元

孩子，我要如何称呼你？ (代序)

作为班主任，我们不得不面对这样一类学生：他们拥有一种或多种问题，时常表现出与教育目标或管理目标相违背的言行，甚至会不断制造各种麻烦，并且很难回归到理想的成长轨道，自身成长受到不良影响，还会让家长忧心，让老师操心，让同学嫌弃。

对于这类学生，我们如何称呼他们呢？

最初的时候，人们普遍用"差生""双差生"等词语来称呼他们。我在知网搜索栏输入"差生"一词，可以搜出 7156 篇文章，部分文章是今年刚刚发表的。这说明，对于这种简单、粗暴且带有侮辱性的称谓，现在依然存在较大市场。

一段时间后，人们开始使用"问题学生"来称呼他们。我也在知网搜索栏输入"问题学生"一词，可以搜出 5799 篇文章，部分文章是今年刚刚发表的。这说明，"问题学生"的称谓也在被广泛使用。从字面来看，"问题学生"显得相对中性，只是表明学生存在某些问题，但确实也传达出相当多的负面信息。

不知从何时起，人们开始使用"后进生"来称呼他们。我同样在知网搜索栏输入"后进生"一词，可以搜出 18182 篇文章，部分文章是今年刚刚发表的。这说明，相对于"差生"，"问题学生"来说，"后进生"称谓的使用更为普遍。然而，和"差生""问题学生"一样，"后进生"也明显包含侮辱性。

后来，人们还用"潜能生"来称呼他们。我也忍不住在知网搜索栏输入"潜能生"一词，可以搜出1067篇文章，部分文章是今年刚刚发表的。这说明，相对于上述三种称谓来说，"潜能生"的使用面较小。但不可否认的是，与上述三种称谓相比，"潜能生"要委婉得多，虽然谈不上对学生的褒奖，但确实留有一丝丝希望。

总的来看，人们对这类学生的称谓，并没有完全统一。人们根据自己对教育的理解，采用相应含义下的称谓。事实上，每一种称谓，都蕴含着不同的教育理念，显示教育者看待学生的视角。不过，要是从评价主体来看，我们不难发现，以上称呼拥有四大共同特征：

一、评价主体均是他人，而非学生本人。这里的他人，多是老师，教育工作者或其他社会人士——学生表现差，所以是差生；学生有问题，所以是问题学生；学生前期掉队，后期有可能跟上队，所以是后进生；学生目前不够优秀，但是有进步潜力，所以是潜能生。到目前为止，我还没有遇到哪一位学生，能够坦然接受这种他人给予的称谓。

二、忽略了隐含问题的所谓"优生"，评价视野相对狭窄。事实上，当下学校对"优生"的评价标准过于单一——敬师长，守纪律，爱学习，就可以算作"优生"；如果再能有些特长，有些思考，就可以算作"特优生"了。实际上，不少"优生"都包含问题——北大学子弑母、益阳某校第一名学生捅杀班主任、浙大博士跳入钱塘江自杀等案例，无不说明遭遇成长问题的学生，绝不仅仅只包含那些常见的差生、问题学生、后进生或潜能生，实际上还包括人们平时所讲的"优生"。

三、与所谓"正常学生"相比，这些学生均被看作"非正常学生"。几乎所有成人都有这样的经历：学生时代被老师和家长生硬"赐予"的负面标签，会对自己产生长久的负面影响。作为老师或家长，我们实在不适合将学生划入"非正常学生"行列。当然，对于有严重心理疾病等问题的学生来说，他们需要到特定的机构接受更专业的治疗；尽管如此，教师和家长也不适合直截了当地将学生划入"非正常学生"行列。

四、只着眼于当下，并未充分考虑学生的"处于成长中的人"这个本质。青少年学生具有较强可塑性，一直处于成长之中，当契机成熟时，可能"突然就长大了"。也就是说，学生并不是一成不变的，而是处于动态的变化之中；学生今天有问题，并不代表明天有问题。教师和家长要对学生的成长抱有充分希望，这是科学的学生观所包含的应有之意。

基于上述考虑，在长期教育学生的过程中，我看到绝大多数学生在成长过程中都遭遇了成长阻碍。在这部分学生中，有的表现出明显的问题言行，有的则"没有任何一点涟漪"。客观地说，他们都存在隐藏的成长风险，都是我们应该重点关注的对象。

事实上，在学生成长的过程中，因为个体、家庭、同伴等因素的综合影响，会在品行、习惯、心理等方面遭遇一系列成长问题，能及时解决问题的学生会健康成长，受困于问题的学生则会受到成长阻碍，以致表现出与教育目标相悖的观念及言行，偏离了期望的成长轨道。后者是被成长问题压迫的受害者，更需要温暖呵护和科学帮助。

正因如此，我提出"成长受阻型学生"的概念。成长受阻型学生，即在成长过程中遭遇不良成长因素、受到客观成长阻碍、偏离目标成长轨道的学生。能称之为成长受阻型学生的，必须同时满足三个条件：遭遇不良成长因素，这是形成原因；受到客观成长阻碍，这是形成过程；偏离目标成长轨道，这是形成结果。在这三者中，偏离目标成长轨道，指学生偏离教育期望学生步入的成长轨道，是成长受阻型学生界定的核心标准，因为有些学生在遭遇不良成长因素、受到客观成长阻碍之后，经过自我调整、他人帮扶后，仍然继续沿着目标成长轨道前行，就不属于成长受阻型学生。

与"问题学生""后进生""潜能生""差生"等传统称谓相比，"成长受阻型学生"的概念更能体现出处于成长过程中的学生的被迫、艰难、受害等属性，凸显此类学生的"受害者"角色，承认此类学生主观上的健康成长需求，给予此类学生更公正的评价，消除此类学生内心的阴影，为解决问题提供一种崭新思路。

成长受阻型学生的称谓，至少具有四大功能——

一是从学生主体出发，充分强调学生被迫"受阻"的事实，暗示教育者真正需要做的是寻找学生成长过程中的相应阻碍及其产生原因，进而从根本上帮助学生成长，而非简简单单给予学生一个负面评价。

二是突出成长受阻型学生的"受害者"身份，承认此类学生主观上的健康成长需求，面向全体学生（任何学生都可能遭遇成长障碍，这并不是让人羞愧的事情，更不是什么见不得人的事情），为调整教育者情绪、优化教育策略奠定基础。

三是用发展视角筹划成长受阻型学生的教育方案，基于学生的现状，面向学生的未来，以求为学生的后续成长设计可行的道路，从而以"引导成长"丰富只"解决问题"的单一教育模式，拓宽教育者的视野。

四是表明"成长问题没有好坏之分，虽然成长问题会带来干扰"的观点。任何学生都可能遭遇成长问题，我们要让学生明白的是，遭遇成长问题，最重要的是要正确面对成长问题，要主动寻求帮助，而非掩饰、逃避、羞愧。

…………

称谓的改变，如果只是"换汤不换药"，那么就失去了意义。我的设想是，称谓的改变，若能更接近学生成长的真相、更新教育者看待学生成长的理念、优化教育者帮扶学生的策略，才是真正的改变。我希望"成长受阻型学生"称谓的出现，能够带来这些改变。

在这种认识的指导下，我开始了关于本书内容的探讨。在这本书里，读者将看到，每一种方法的背后，无不隐藏着两个字——成长。也就是说，我不再局限于眼前问题的解决，而是着眼于学生的未来成长，期待着学生在向前成长中慢慢解决当下所谓的问题。

比如，学生因较低的分数而自卑（即"成长阻碍"），但在擅长的艺术舞台上大放异彩（即产生跨越"成长阻碍"力量的途径，也即"发展"），这可以给予学生更多成长信心（即跨越"成长阻碍"的力量）。这就是以"引导成长"丰富只"解决问题"的思路。

我刚刚也在知网搜索栏输入"成长受阻"一词，未发现任何一篇相关教育文章。这说明，基于"成长受阻"视角的学生教育工作，尚处于起步阶段。对于"成长受阻型学生"这个称谓，我当然不敢说是最科学的，但却是我目前能想到的最适合的。我期待能有更多教育同仁参与到这种视角的研究中来，以还给那些学生客观的评价、真诚的关爱和积极的帮扶，并让他们不再难堪。

孩子，我要如何称呼你？

需要说明的是，就目前的观点来说，我喜欢用"成长受阻型学生"来称谓那些需要帮扶的学生，但为了避免"成长受阻型学生"这个生疏的概念给读者带来阅读障碍，除部分特殊章节及内容撰写需要外，本书仍然采用"问题学生"的称谓作为对此类学生的普遍称谓方式。不过，我特别期待读者能关注"成长受阻型学生"这个概念，有意识地与"问题学生"等概念相互转化，并体会"成长受阻型学生"这个概念的非凡意义。

此外，因为我于 2018 年 9 月从高中学校调入一所九年一贯制学校，并担任初中班主任及教授小学科学，参与及观察到更丰富的教育实践，所以本书所用案例有来自高中的，也有来自初中和小学的。希望大家在阅读本书时，特别注意学生的年段，因为学生的年段不同，我们所采用的帮扶措施不一定完全相同。

基于上述思想，在多年教育实践及反复深入思考的基础上，我申请并主持了广东省教育厅立项课题《立德树人视野下"成长受阻型学生"教育案例研究》（2019ZXDY035），本书为该课题的重要研究成果，集中体现了我对"成长受阻型学生"这个群体的关注、思考及实践。

希望我们能从原有的概念和原有的思维中走出来。

希望这是一个新的开始。

目录

第一章　了解背景，剖析问题学生形成原因

1. 离不开的"家" ……………………………………………………… 3

2. 一起玩的"伴" ……………………………………………………… 10

3. 常听闻的"事" ……………………………………………………… 17

4. 看不见的"人" ……………………………………………………… 24

第二章　摆正观点，还原问题学生受害角色

1. 不以常人的标准来评价 …………………………………………… 33

2. 他们更需要公正 …………………………………………………… 39

3. 慎用立体否定 ……………………………………………………… 45

4. 想一想白嘉轩做了什么 …………………………………………… 52

5. "我"很重要 ……………………………………………………… 59

第三章　构建策略，探寻问题学生转化路径

1. 用系统思维的方式来思考 …………………………………… 69

2. 问题学生类型与转化策略 …………………………………… 76

3. 良好的师生关系是问题转化的基础 ………………………… 82

4. 那些成长顺利学生的特质 …………………………………… 88

5. 通过解读言行明晰心理 ……………………………………… 95

6. 请给问题学生设计一个明天 ………………………………… 102

7. 每一步的处理都需要铺垫 …………………………………… 109

8. 像这样来品味"葡萄干" …………………………………… 116

9. 从性格出发教育问题学生 …………………………………… 124

10. 用叙事心理治疗法解决问题 ………………………………… 132

第四章　跳出误区，清除问题学生帮扶障碍

1. 持续教育的前提是规范 ……………………………………… 143

2. 感觉好了，才能做得更好 …………………………………… 150

3. 给问题学生一个支点 ………………………………………… 158

4. 从一个脚印到下一个脚印 …………………………………… 164

第五章　联通家校，强化问题学生教育合力

1. 想要家长配合，怎么办？ …………………………………… 175

2. 孩子遭遇挫折，怎么办？ …………………………………… 182

3. 孩子寻求帮助，怎么办？ …………………………………… 189

4. 孩子爱玩手机,怎么办? ································· 200

5. 孩子要被惩戒,怎么办? ································· 211

第六章　问题学生经典案例评点

1. 用人格魅力解决低层问题 ····················· 219

2. 万分小心那些特别的学生 ····················· 227

3. 真正的痛其实不在妥协 ······················· 234

4. "硬到底"不如"退下来" ······················· 238

5. 一瞬间可酿终生恨 ··························· 242

6. 我们身后没有依靠 ··························· 248

后　记　减肥与教育学生 ························· 253

第 一 章

了解背景，

剖析问题学生形成原因

1. 离不开的"家"

问题青少年成长的过程中，家庭因素到底起到了哪些负面作用？这又给当下的家庭，特别是那些有随迁子女的家庭，带来哪些深层次的思考呢？而作为班主任，我们又可以从中得到哪些启示呢？

据人民网 2018 年 11 月 21 日报道，深圳的王先生报警，称有一位女子在辅导孩子做作业时暴打孩子。王先生觉得这位女子可能是家教老师，于是就录下女子暴打孩子的视频，并且报警处理。出乎意料的是，民警上门调查发现这位女子并不是家教老师，而是孩子的亲妈。原来，孩子亲妈在辅导作业时，由于心里产生烦躁，就对孩子动手打骂……

作为辅导过孩子作业的家长，我相信很多家长可以理解这位妈妈的心情。一般来说，绝大多数家长即使不期待子女能够成龙成凤，但也绝不愿意看到子女变成问题青少年。然而，现实情况是，一些家庭确实具有让孩子产生问题行为的土壤。

在此，我以著名小说《白鹿原》中黑娃的成长经历来说明糟糕的家庭环境是如何让青少年产生问题行为的。黑娃虽然是小说中的人物，但特别像当下的随迁子女，在现实生活中普遍存在。因此，这些分析符合现实情况，并非源自虚构。

黑娃是鹿三的儿子，而鹿三是白家的长工。从整个背景来看，鹿三是忠厚老实、任劳任怨的人，而白家也能够善待鹿三，白嘉轩更是和鹿三以兄弟相称。在黑娃出生后，白嘉轩像对待自己的儿子一样，不仅要求黑娃去读书，还帮助黑娃置办学习用具。但是，黑娃偏偏非常嫉恨白嘉轩，说白嘉轩的腰杆挺得特别直，让人看着非常不舒服。在当土匪后，黑娃更是把白嘉轩的腰打折了。

这是为什么呢？

白嘉轩的大儿子叫白孝文，其年龄与黑娃相近。这两个男孩子一起长大，却地位悬殊，一个是主家，一个是长工。主家吃饭的时候，是围桌而食；长工虽然也和主家吃同样的饭食，却是蹲在墙角吃饭的。在同一个屋檐下的人，一些人围桌而食，一些人偏偏要蹲在墙角吃饭！诸如此类的常见现象，在年幼的黑娃眼里，是具有完全不同意义的。

什么意义呢？在日常生活中，黑娃免不了要和白孝文做对比。在无数次对比中，黑娃均能发现白嘉轩和鹿三的不平等，白孝文和他自己的不平等。也就是说，白嘉轩虽然处处善待鹿三和黑娃，但是那些日常生活中的主仆形式还是让黑娃产生了严重的不平衡心理，让黑娃从小就觉得委屈、压抑、耻辱、自卑、悲愤，让黑娃觉得鹿三的腰一直是弯曲的，让黑娃觉得自己的腰也一直挺不直。正因如此，黑娃一看到白嘉轩挺直的腰杆，就能想到自己以及父亲挺不直的腰杆，这让黑娃既忌惮白嘉轩，也嫉恨白嘉轩。

黑娃在年幼时就反复说白嘉轩的腰杆挺得特别直，这说明黑娃在那时已经产生了上述心理。这种心理积压到一定程度，待黑娃的翅膀变硬的时候，黑娃就会逃离，就会反抗，就会不顾一切，因为那样会让黑娃觉得畅快、出气、解恨，这就是黑娃后来不顾一切地要离开白家、打砸祠堂、当土匪、打断白嘉轩的腰的深层原因。客观地说，黑娃因为内心的严重失衡而成了名副其实的问题青少年。

现在，我们来理一理，在黑娃这个问题青少年成长的过程中，家庭因素到底起到了哪些负面作用？这又给当下的家庭，特别是那些有随迁子女的家庭，带来哪些深层次的思考呢？而作为班主任，我们又可以从中得到哪些启示呢？

一方面，家庭的底层位置会限制子女的思维，让子女难有突破。

在旧社会，长工属于底层人民。鹿三带着黑娃在白家长年累月地当长工，这种家庭地位的低下，从小就烙印在黑娃的心底。在黑娃成年后，在想逃离白家时，他首先想到的出路依然是到外地去当长工。除了当长工这条路之外，黑娃还有其他选择吗？

事实上，黑娃当然有其他选择。比如，学个一技之长，做点小本生意，到县城找点活计，甚至去当兵，等等。这些方向都可供黑娃选择，但黑娃为什么没有选择这些呢？一方面黑娃可能想不到，另一方面黑娃可能不敢想。

造成这种现象的主要原因就是黑娃所在家庭的底层属性，让黑娃看不到更广阔的天地，或者不敢想到更高远的平台，大大地限制了黑娃的思维——除了当长工，自己或许什么也做不了。时下，中国有万千农民外出打工，他们起早贪黑、省吃俭用。此刻，他们传递给随迁子女的信息是什么呢？如果父母让随迁子女觉得他们未来的出路依然是打工的话，那么就把家庭的底层属性传给了随迁子女。

一旦随迁子女在心里想着打工，那么他们还能安心学习吗？

这正是很多随迁子女及留守儿童厌学的原因。他们在学业上遭遇挫折时，会想着出去打工，借以逃避学习的压力；他们思考为什么要学习时，会想着出去打工，因为这是家庭固有的思维模式；他们感觉没有足够的零花钱时，会想着去打工，因为打工可以在短时间内就让他们获得经济独立的机会……如此，这些随迁子女及留守儿童就会在学习上出现各种问题，成为明显的学习型问题学生。

此刻，班主任就需要及时给这些学生开展生涯教育，为他们打开一扇通向未来的人生窗户，让他们看到人生发展的无限空间及丰富可能性，让他们知道人生有更多更精彩的选择，让他们意识到自己非常有可能拥有与父辈完全不同的人生方向，让他们敢于走上更能彰显人生价值的路途。

另一方面，卑微的家庭更容易养成子女的卑微心理，让子女内心趋于失衡。

如前文所述，黑娃为什么会嫉恨白嘉轩，就是因为与生俱来的卑微家庭，让黑娃形成了卑微的心理，让黑娃从小到大都觉得委屈、压抑、耻辱、自卑、悲愤，最终让黑娃变得内心极度失衡——总是觉得别人在嘲笑、轻视、欺负、羞辱自己，一直想着要反抗，要报复，要让别人重视。

黑娃为什么会有这种感觉呢？

黑娃和白孝文属于同龄人，但黑娃处处显得低人一等——黑娃是长工，白孝文是主家，白孝文可以对黑娃颐指气使；白孝文穿的是崭新的衣服，而黑娃的衣服破旧不堪；白孝文围着桌子用餐，而黑娃则要蹲在墙角吃饭；白孝文几乎从来不用割草喂牛，而黑娃每天都要割草喂牛……没有对比，就没有伤害；长期生活在这种环境，黑娃自然觉得自己非常卑微了。

显然，类似黑娃这种学生，在同龄人的集体生活中，是最容易产生诸如敏感多疑、焦虑抑郁、冲动躁狂、暴力倾向等心理问题的学生。学生一旦形成这种心理，在短期内很难恢复到正常状态。因此，家长要非常谨慎地对待这种问题。

这种家庭的父母，要注意做到以下三点——一是对子女要关爱备至，让子女充分感受到父母的关爱，帮助子女养成一个充满爱的心灵；二是在子女年幼阶段，尽量给子女提供最好的环境，让子女在同龄人中不至于太落后，为子女在内心种下自信和阳光的种子；三是父母要有高雅的习惯，比如读书、养花、唱歌等，让子女的思想逐步从物质层面上升到精神层面，让子女的生命更有高度。

作为班主任，对于成长在底层家庭的学生，我们亦可按照上述三点来做，同时一定要注意的是，必须避免出现对此类学生的轻视行为，最好能给予他们更多关注、关心和关爱，以满足他们在心理上被重视的渴望。这样做，既不是有意把家庭分成三六九等，也不是以有色眼光来看待他们，而是正视可能存在的问题，以便更有针对性地帮助这类学生。

上述文字，主要是用黑娃所在家庭为例，详细分析了类似家庭在问题学生形成中存在的负面作用。下面，按照上述分析模式，我们尝试依据物质生活水平（简称 W）和精神生活水平（简称 J）的高低，把中国常见的家庭类型做一个简单分类，并分析相应家庭背景可能产生哪些类型的问题学生，同时从班主任的角度提出一些切实可行的应对策略，做一个简约但系统的总结。

一、W 高 J 高型家庭

这种家庭，是生活特别富裕且对孩子要求特别高的家庭，就像贾宝玉所在的家庭。在这种家庭，孩子生活富足，能够玩到各种玩具，能够吃到各种美食，能够跑到各种地方旅游，能够享受到各种高端培训，能够接触各种流行的文娱活动。而父母，愿意在孩子身上花时间、精力和资金。

这种家庭，一般对孩子的要求特别高，多希望孩子出类拔萃。因此，生活在这种家庭的孩子，都会有比较大的压力，且自身的时间和空间容易被父母安排得满满当当。如此一来，这种家庭的孩子一方面容易失去自我，另一方面容易抑郁焦虑，久而久之就可能变成幸福指数低、逆反心理强的问题学生。

对于此类学生，班主任的工作重点应该在于全面引导学生认识到自身的兴趣点，让学生充分利用家庭的有利条件，做自己喜欢做的事情，全力以赴创造自身价值。当然，在学生没有表现出浓厚的兴趣点的情况下，班主任也可以引导学生分析家庭安排中的合理性，看能否让学生心平气和地接受这种安排，从而帮助学生消除内心的不良情绪。

二、W 高 J 低型家庭

这种家庭，是沉迷于物质生活而又一夜暴富的家庭，就像当下的某些暴富家庭。在这种家庭中，孩子的各种物质需求都能被满足，他们穿衣服能穿上名牌，吃东西能吃上稀奇东西，生活在做事情特别讲排场的粗鄙环境中。但他们的父母，既做不好孩子的成长榜样，同时又不愿意或者没有意识到要花更多时间和精力来培育孩子。

生活在这种家庭的学生，容易认为钱是万能的，趋向于轻视学习、轻视知识，不会勤奋学习。此外，这类学生在为人处世时，容易无法无天，不会把规则放在眼里。因此，这类家庭，容易产生厌学型和纪律型的问题学生。

对于厌学型的问题学生，班主任可引导学生多思考终极问题：人来到世上，到底是为了什么？班主任以此来让学生意识到纯粹追求物质生活的浅薄，同时班主任可以举一些追求精神生活的例子，帮助学生看到一个更高层次的生活追求方向，从而激发学生的向学之心。对于纪律型问题学生，班主任在发现学生的违纪行为时，要按照公开的制度，在晓之以理的基础上，有板有眼地对学生施以惩戒，有效做到约之以法，让学生认识到制度的权威性，以此来约束、转化学生无知无畏的过激行为。

三、W 低 J 高型家庭

这种家庭，是物质生活水平低但幸福指数特别高的家庭，就像孙少平所在的家庭。在这种家庭，孩子能充分感受到来自亲人的关爱，其幸福指数特别高。而父母呢，能认识到教育对孩子成长的重要性，所以愿意花时间和精力来培养孩子。但是，由于物质生活水平低，孩子在衣服、食品、玩具、住宿、旅游、培训等各方面都受到比较大的限制。

生活在这种家庭的学生，能全方位感受到来自家庭的幸福，往往有着惊人的毅力和热情，愿意为梦想而竭尽全力。然而，由于物质生活的匮乏，他们也容易变得自卑、敏感，在做事时显得畏首畏尾的，缺乏足够的自信和安全感，久而久之就变成了焦虑型或抑郁型问题学生。

对于来自此类家庭的学生，班主任一定要多关注、多鼓励、多指导，以让学生感受到重视、关爱和信心。同时，班主任可以多创造一些展示的平台，让此类学生有更多的机会走到人前，以便他们在实际活动中感受到自身的实力，从而帮助他们树立起必要的信心。需要说明的是，班主任在鼓励这些学生充分展示的时候，要尽可能做到万无一失，以免他们遭遇更多挫折，从而把原有的少得可怜的信心都丧失了。

四、W 低 J 低型家庭

这种家庭，是物质生活水平低且又没有什么精神生活的家庭，就像黑娃所在的家庭。父母多半忙于生计，无暇陪伴孩子，更没有足够的心思来培育孩子，往往以简单粗暴的方式对待孩子。关于此类家庭的孩子及问题，前文已经叙述得非常详尽了，此处不再赘述。

以上四种分类方法，是比较粗略、简单的。实际上，我们可以根据家庭的具体情况，再把家庭类别分得更细致些。此外，这只是其中一种把家庭进行分类的方法，我们还可以有更多分类的方法。当然，我们不管如何把家庭类型细分，都不要忘了各类家庭因素对问题学生的潜在影响，均是作为一般性规律来探讨，我们切不可忘记每个家庭及每个学生的独特性。只有这样，我们才能把工作做得更加科学、扎实、有效。

2. 一起玩的"伴"

同伴关系可以弥补家庭等一些关系的缺失，同伴之间的互相帮助、互相促进使得他们能够顺利成长。同伴对儿童的发展甚至比父母的作用更重要。

2018年9月，我担任七（6）班班主任，迎来了36位新同学。因为我们班采用双排座位形式，所以全部同学都有同桌。其中，小琪和小祥是同桌，小文和小亮是同桌。

在小学时，小琪比较讨厌学习，她的学业水平比较薄弱，其中英语学科长期处于不及格的状态。入读初中后，班级总成绩排名靠后的小琪成了小祥的同桌。而小祥，是典型的"别人家的孩子"，品学兼优，人见人夸。

升入初中一学期后，小琪的成绩不仅进步了，而且位居班级第一，竟然超过了小祥！最为关键的是，小琪的学习态度和学习习惯均发生了根本性改变，由讨厌学习转变为喜爱学习，由磨磨蹭蹭变为积极主动。

小琪是如何做到的呢？

小琪说："这是因为我是小祥的同桌啊！老师千万别把我们调开啊！"

……

同班的小文入学成绩处于班级前十名。不同的是，小文是和小亮同桌。而小亮在入学考试、月考、期中考试及期末考试连续四次考试中均取得了班级倒数第一的成绩。而小文呢？她的成绩已经下滑到班级中等了。

小文的妈妈找到我，不无绝望地说："请给小文调换个座位吧！"

原来，小亮在课堂上很难坐得住，遇到善于管理课堂的老师，还能做到安安静静，一旦遇到比较温柔的老师，就会说个悄悄话，或者故意发掘课堂中的一些笑点来扰乱课堂。总之，小亮经常在课堂上说悄悄话、转动身体、制造混乱，严重干扰了小文的学习！

······

事实上，不少家长一直希望孩子能进入一所优质学校和一个卓越班级，主要是想让孩子遇到一群品学兼优的同学，希望孩子能在同伴的影响下向善向学。上述两个案例，一个呈现的是同桌的正面影响，一个呈现的是同桌的负面影响，主要是在学习方面。

其实，同伴的影响远比同桌的影响深远，而且是综合性的。下面，我们再来看一个案例。

男生小郑和男生小叶是2016级高一的同班同学，我担任他们的化学老师。因为小郑家长和小叶家长都是班级家委会成员，两家人在一来二往中就逐渐熟悉起来。在这个过程中，小郑和小叶成了形影不离的好朋友，就连上厕所都会同进同出。

实际上，在刚入学时，小郑和小叶有太多不同：小郑父母对小郑的要求相对很高，而小叶父母对小叶则比较溺爱；小郑比较内向，小叶非常外向；小郑的言行规规矩矩，小叶的言行则显得玩世不恭；小郑在犯错时显得很紧张很愧疚，小叶在犯错时则显露一副天不怕、地不怕的无所谓态度；小郑比较爱学习，小叶则敷衍了事地应付学习······总的来讲，小郑是比较懂事乖巧、谨言慎行的学生，具有学生的样子；而小叶是吊儿郎当、油腔滑调的学生，和优秀学生的标准距离很远。

一年后，小郑几乎完全变成了小叶的样子——

在高一下学期期末考试中，小郑的成绩由入学时的班级第一变为二十名以后；在某一天的课堂上，坐姿歪歪斜斜的小郑不服从数学老师的管理，用过激的语言顶撞数学老师；在社会实践中，小郑偷偷地骑着家里的摩托车到高速路上去玩；上课铃声响后，小郑经常趿拉着拖鞋慢腾腾地向教室踱去……

一次，在和班主任聊天时，小郑这样说道："我非常佩服小叶，他活得特别轻松。"

下面，我们来分析小郑的变化过程。

根据小郑的家庭情况来看，小郑父母对小郑的要求比较高，小郑因此可能面临比较大的压力，同时在内心也积攒一定的压抑和逆反情绪。在这种情况下，小郑的最佳同伴是什么呢？如果小郑遇到通情达理的同伴，那么小郑内心的压抑和逆反情绪就极有可能被疏通，从而顺利进入良性成长通道，不会陷入上述成长坎坷之中。

根据小叶的表现，小叶正是通过对规则和责任的不断突破，在日常生活中获得强烈的"轻松"体验，并将其视为"人生经验"而不断加以践行和强化。客观地讲，规则意识及责任意识都比较淡薄的小叶，是典型的屡教不改的思想型问题学生。

然而，小叶表现出的随意及轻松，正是处于压抑和逆反状态的小郑所匮乏的，于是被小郑顶礼膜拜并付诸行动。不得不说，小叶的不良思想，与小郑的逆反心理特别契合，让小郑清晰地看到了一个自己想成为的样子，从而"顺利"地将小郑带入成长泥潭中。

……

我们以上述三个案例为依据，来探讨问题学生形成中的同伴因素，同时分析班主任可能采取的应对措施。

首先，内心不良体验的堆积是问题学生形成的起点。

对于小郑来说，其家长一直对他要求比较高，这在一定程度上造成了小郑内心的压抑和逆反。随着年龄的增长，这种压抑和逆反越积越多，就越需要被调适和清空。然而，小郑父母忽视了这一点，或者没有成功解决这个问题。

那么，班主任可以做什么呢？

在建班初期，多数班主任都会及时采集学生的信息，以便初步了解学情。事实上，班主任在采集学生的信息时，可以加入一些学生性格（非常内向/内向/不知道/外向/非常外向）、家庭类型（非常严格/严格/不清楚/宽松/非常宽松）、亲子关系（非常亲密/亲密/一般/抵触/非常抵触）等方面的内容供学生或家长选择，以了解学生可能存在的问题。

对于可能存在问题的学生，班主任在约谈学生及其家长的基础上，对学生可能存在的问题做进一步的确认及预判，并做好预防的准备。比如，对于单亲家庭的男生和单亲家庭的女生，他们可能都比较缺乏温暖的亲情，班主任尽可能不要安排他们同桌，以免他们抱团取暖、心生情愫；对于来自管理特别严格的家庭的学生与来自管理特别宽松的家庭的学生，班主任尽可能不要安排他们同桌或者同宿舍。

其次，同伴关系的确立预示着问题学生形成的端倪。

一般情况下，同伴关系的确立意味着思想观念的认同，正所谓"道不同，不相为谋"。基于此，我们不难看出，那些建立良好同伴关系的学生，正是找到了思想观念上的"相同尺码"，并在无形中接纳了彼此的相互影响或者来自某一方的主导影响。

此时，班主任可以做什么呢？

比如，班主任发现平时乖巧懂事的学生与平时屡教不改的学生成了同伴的现象，就要想一想他们为什么会成为同伴，就要判断到底哪一方是主导方。如果发现屡教不改的学生成了主导方，就要立刻给予乖巧懂事的学生当头棒喝，看能否把这位学生拉回来。当然，班主任不能"蛮横地"干涉学生选择朋友的权利，但是可以了解这种同伴关系形成的原因，并在此基础上给予学生针对性的引导。

也就是说，班主任一方面要敏锐地发现班级存在某些特殊的同伴关系，另一方面又要在客观分析这些特殊同伴关系形成原因的基础上，给予受影响方学生更有针对性的点拨，并在座位、小组、宿舍等形式上将他们分离，以减少随时相互影响的机会。这种"拆分"策略适合应用在同伴关系形成的初期。

再次，转化原有问题学生是转化现有问题学生的基础。

一旦同伴关系达到了牢固的程度，"拆分"的可能性就非常小了，因为双方已经非常认同及相互接纳了。特别是受影响的一方，已经在牢固的同伴关系中获得了无法让人拒绝的"红利"，具备了"不撞南墙不回头"的决心了。

此时，班主任能做些什么呢？

此刻，受影响的一方，即现有问题学生，已经铁了心地想维护彼此间的同伴关系了。班主任只能回到问题的源头，通过对施加影响的一方，即原问题学生的教育，开展艰难的"一石二鸟"的转化工作了。

一方面，班主任可以通过主题班会课等形式在班级营造正确的舆论氛围，明确建立同伴关系的目标是"互帮互助，共同提升"，而不是"互相拆台，共同退步"。

如果双方在同伴关系上实现了"互帮互助，共同提升"的目标，那么这样的同伴关系就是合情合理的，有存在的必要；反之，这样的同伴关系就是不合情不合理的，是害人害己的，必须拆分。通过创建这种正确的舆论氛围，班主任给原有问题学生以心理压力，给现有问题学生以明确警醒。

另一方面，班主任可以就现有问题学生的变化与原有问题学生深入交流。

现有问题学生的发展变化，是显而易见的，原有问题学生对此心知肚明。班主任可以以此为话题，了解原有问题学生的想法，让原有问题学生再次清晰地看到这种变化，并分析其中的主要原因。在此基础上，班主任请原有问题学生分析现有问题学生变化的影响，是变优秀了，还是变糟糕了？班主任可以和原有问题学生全面分析现有问题学生变化的影响。

班主任之所以要让原有问题学生做分析，就是让现有问题学生至少明白，好的言行和坏的言行，都会对他人产生重要影响，而影响自己的是坏的言行；其次，通过对现有问题学生的对比分析，让原有问题学生清晰看到自己当前的样子，让他深刻反省，从而督促他做出改变。

最后，为同伴关系的发展指明不一样的方向及提供行得通的平台。

在前三步工作的基础上，作为同伴的双方应该都认识到了双方之间的相互影响，并对目前的尴尬情况有了具体了解。此时，他们拥有改变现状的心理需求，需要班主任的具体帮助和真诚鼓励，从而让同伴关系朝着正向发展。

一方面，班主任可以在了解他们共同的兴趣爱好的基础上，为他们指明共同的发展方向。

比如，双方都喜欢街舞，班主任可以建议他们成立班级街舞指导中心，将班级的街舞活动开展起来；假如双方都爱好篮球，班主任可以建议他们成为篮球特长生，将来以篮球特长生身份考取高中，或者以篮球为专业报考大学。如果他们没有相同的兴趣爱好，那么班主任也可以根据他们的实际情况及内心想法，建议他们选择某一领域作为兴趣培养方向。

另一方面，班主任可以提供一些正面同伴关系的案例，以增强他们改变的信心。

事实上，多数问题学生，都遭遇过不同程度的挫败，在以分数为主要交往方式的学校，是不折不扣的弱势群体，往往处于在表面上盛气凌人、在心理上畏首畏尾的分裂状态。此外，他们在负向发展的过程中，已经习惯了不需要担当的轻松状态，对真正的担当是存在畏惧心理的。对于这种学生，班主任需要通过实实在在的事例，帮助他们强化正向发展的信心。此时，班主任就需要给他们讲一些例子，特别是身边的例子，最好是他们看得见或很熟悉的例子，在为他们提供借鉴的同时，帮助他们树立必要的信心。

心理学上有一个著名的恒河猴实验：英国心理学家哈洛及其同事发现，那些只与母亲生活在一起、被剥夺了同伴交往机会的恒河猴，形成了异常的社会行为模式——当他们与同龄猴子在一起的时候，他们倾向于回避；当他们不得不接近同伴时，则表现出了很强的攻击性，而且这种反社会倾向一直持续到成年。此外，哈洛还做了另一个对照实验：那些与母亲分开、一直和同伴待在一起的恒河猴，则能与同伴形成强烈的依恋。

事实上，不仅恒河猴需要同伴，人类同样需要同伴。

同伴，主要是指年龄相仿，具有相同或相近社会认知能力的人。而同伴关系，则是他们之间的一种共同活动及相互协作的关系。心理学研究表明，同伴是儿童社会化的重要动因，与同伴的良好交往是儿童发展的一个重要里程碑。

从这个角度来说，同伴关系可以弥补家庭等一些关系的缺失，同伴之间的互相帮助、互相促进使得他们能够顺利成长。有人认为，儿童在童年时代有"两个世界"，一个是父母和儿童相互作用的世界，一个是同伴相互作用的世界。可见，同伴对儿童的发展起着与父母同样重要——某些时候甚至更重要的作用。

去年，网上流传一个报道：英国有个家庭准备举家迁往澳大利亚，原因竟然是孩子的小伙伴全家已决定迁往那里；为了不使孩子中途失去伙伴，他们才做出这样的决定。据报道，这个英国家庭的孩子生性怯懦，连毛毛虫都不敢碰；而邻居家的孩子却天生胆大，喜欢玩一些充满挑战的游戏；两个孩子结成伙伴后，胆小的孩子也渐渐地变得勇敢起来了。

上述实验及新闻，均表明同伴关系的重要影响。然而，这些重要影响，既包含正面影响，也包含负面影响。我们在期待正面影响的同时，也要尽力避免负面影响，以免因同伴关系而出现更多相似的问题学生。

3. 常听闻的"事"

不良社会因素在某些问题学生形成过程中的作用，虽然是静悄悄的，却是深入骨髓的。不良社会因素的可怕之处，正在于会产生一种极具破坏力的公共舆论。

时下，不少青少年学生都比较崇拜各个领域的明星，并在日常生活中向他们学习。比如，染发、烫发、文身、戴耳钉、男生化妆等。前不久，一位初一男生，在课堂上照镜子、擦粉底、涂口红，惹得同学们议论纷纷。

实际上，青少年学生向明星学习无可厚非。但是，由于不了解、不筛选、不思考等盲目追星问题，很多青少年学生只是"看样学样"，根本就没有深入体悟明星的规划智慧、奋斗精神及艺术内涵等，以致追得浅，追得俗，追得糊涂，追得阻碍健康成长。

当然，不得不说，少数明星确实存在品行问题（诸如炫富、吸毒、赌博、富而不仁、男女关系混乱等），这更加剧了青少年学生追星的风险，以致让青少年学生一学就坏，一学就成为典型的问题学生，一沾染就几乎不能自拔。

……

追星是一种普遍的社会风气，在一定程度上滋生了一些"过于追赶潮流，逃避现实责任"的问题学生。班杜拉曾说，人和环境的影响是相互的，人必须生活在一定的社会环境中，不可能割裂于社会环境之外，必然会受到社会环境的影响。诸如上述偏离常态的社会现象，对青少年学生的自制力、鉴别力、学习力等方面都提出了更高的要求，在一定程度上成为造就问题学生的社会因素。

此外，学校教育能够为学生在内心埋下美好的种子，而社会环境是为学生提供种子发芽的土壤。如果社会环境的引力与种子的方向一致，那么这些种子就能顺利生根、发芽、开花、结果，就会产生极为旺盛的生命力；反之，这些种子就可能会霉变，彻底失去生命力。

为此，我们需要做好两方面的工作，一是竭力避免不良社会风气在学校成为舆论主导，要让学校价值引领占据明显优势地位；二是通过适宜的途径强化学生对"美好的种子"的认同感，提升"美好的种子"的"吸引力"及"生命力"。

上述内容是我们考虑某些社会因素对问题学生产生影响的依据，当然也是帮助学校教育与不良社会因素角力的重要智慧。那么，哪些社会因素导致或加速了问题学生的形成呢？对此，班主任又可以做些什么呢？下面以案例的形式来阐述问题学生形成中的社会因素。

案例：

你打我啊

一、情景再现

在 2018 年我所带初一班级里，小贤在课堂上表现特别随意，想趴就趴，想睡就睡，想说就说。在某天的英语课上，小贤一直说个不停，英语老师再三提醒无效，只好让小贤站起来。然而，站起来的小贤依然喋喋不休，就算同学不理他，他也自说自话。客观地说，这严重扰乱了课堂秩序。于是，英语老师批评了他。就在这时，意想不到的事发生了。

"有本事，你打我啊！"小贤充满挑衅地说道。

英语老师顿时感到愕然。

"你打我时，最好用手机录下视频，然后传到网上去！"小贤乐呵呵地说道。

……

二、问题分析

通过对小贤的日常表现及上述言行来看，小贤之所以敢于肆无忌惮地破坏课堂纪律，是因为他非常了解社会上关于师生冲突事件的评论——那些因为师生冲突而在网络上闹得沸沸扬扬的老师，哪一个不是又道歉又受处分的？甚至一些老师会因为网络暴力及舆论压力而精神失常。也就是说，当下的社会，在评论师生冲突时，一般对老师特别苛刻（老师是成人，是教育者，不能有任何违反师德的言行），对学生又特别纵容（学生是未成年人，是学生，几乎可以犯任何错误），以致造成了太多有失公允的冤假错案。

当然，这样说，并不意味着袒护教师，而是要表明客观、公正、公平评论师生冲突的重要性。实际上，多数人都认为老师是成年人、教育者，应该更理智、更智慧，所以要对师生冲突负主要责任——这种想法，看起来似乎很有道理，却忽略了"老师也是普通人，也会激情冲动"的客观事实，丧失了以人为本的基本立场。

一旦少数学生看清这种不良社会风气，就会成为典型的纪律型问题学生，因为这种不良社会风气几乎成了牢不可破的保护膜。当然，这些纪律型问题学生，平常也会存在一些纪律型问题，但基本在可控的范围内，而不良社会风气则起到了无限强化纪律问题的作用。

✐ 三、教育策略

面对类似小贤这种学生，班主任可以怎么办？

首先，班主任必须保持足够冷静，要先控制住场面，不陷入学生设计好的"圈套"。

面对小贤咄咄逼人的言行时，不管是科任老师，还是班主任，都必须保持足够冷静。而小贤，之所以用那些放肆的言行来挑衅老师，就是看准了老师不敢动手的软肋，因为老师一旦动手，全部的错都是老师的错，而小贤自己稳妥妥地变为受害者。

也就是说，科任老师、班主任一旦动手，就会招致满盘皆输，输得干干净净，输得彻头彻尾。为避免出现这种最糟糕的结局，科任老师、班主任必须要有"非常人"的冷静——学生怒，我们不怒。如果学生当时就非常过分，那么我们可以立刻寻求临近办公室的老师和领导的支援，先把场面控制住，然后再开展后续工作。

其次，班主任必须做好处理记录，让自己的工作依规、可查。

对于此类学生的教育，班主任必须一百二十分地谨慎。比如，在学生出现类似课堂问题时，班主任可通过查监控、访谈学生、科任老师陈述等形式来确定学生的违纪事实；对于自己与学生及其家长交流、沟通的情况，班主任该录像的录像，该打印的打印，该签名的签名，既要让自己的教育工作依规而行，也要让自己的教育工作留有明显的痕迹，以供家长、同事、领导、社会（这样的学生极容易造成传播广泛的社会事件）查看。

当然，班主任之所以要这样做，既是为了自我保护，也是为了让自己的工作更像教育工作者的工作——在没有更好的方法的前提下，这种依规而行的方法能有效保证自己的教育言行不出格。此外，在保留材料的过程中，班主任当然会顾及自己的言行，并会因此而提前谋划、审慎实施，有效地规避了班主任轻易做出鲁莽言行的风险。当然，这在一定程度上也显示了班主任对于教育转化学生所做的最后努力。

再次，班主任必须争取更多支持，请家长及同事适时地介入。

实话实说，如果班级出现像小贤那样的人，那么班主任就需要量力而行。如果班主任判断事情尚在自己可控的范围之内，可暂且由自己处理；如果班主任判断事情的发展可能会超出自己的能力范围，那么就要及时请家长及同事适时介入。对于此类事件，班主任千万不能一个人暗暗地扛着。

需要说明的是，班主任在请同事介入时，一般都会得到同事的理解和支持。但是，班主任在请家长介入时，就有可能走到反面。为此，我们要做好功课。比如，在方式上，不要采用微信、电话等方式沟通，要面对面来谈，这样才能谈得更清楚、更充分；在时机上，班主任一般要在学生归于平静时，再邀请家长，以免节外生枝；在情绪上，班主任如果不能冷静下来，那么就不要贸然请家长到校，以免让家长过于抵触和反感；在语言上，班主任尽量用描述性语言，少用或不用评价性语言，因为家长自己会评价子女的言行；在内容上，班主任既要讲事实，也要谈规章，以让家长看到班主任的处理依据。

事实上，每一个问题学生的背后，都可能站着特别疲惫、痛苦、绝望的家长——在子女的教育上，家庭越团结幸福，子女的成长就越健康，家长越省心；家庭越支离破碎，子女的成长就越曲折，家长越操心。班主任要对问题学生的家长抱有切实的同情心，尽可能做到仁至义尽；同时，班主任要避免成为家长的不良情绪的宣泄桶，因为任何一位家长，站在有严重问题的子女面前，都不可能做到完全的心平气和。

最后，班主任必须构建良好班风，让纪律型问题学生无欣赏市场。

事实上，对于绝大多数学生来说，他们可能不尊重老师，不尊重家长，不尊重规则，但一般都比较在意同学们的评论。此时，来自同学们的舆论导向，对问题学生来说就有着强劲的动力作用——同学们厌恶的言行，问题学生就会有所收敛；同学们欣赏的言行，问题学生就会更加放肆。不少纪律型问题学生，不就是因为同学们"佩服"，才变得更加肆无忌惮吗?! 基于此，班主任必须着力于构建风清气正的班风，以让纪律型问题学生无欣赏市场。

其实，班风正不正，一方面和班主任平时的处事方式有很大关系，班主任如果真能做到抑恶扬善，那么就奠定了正义班风形成的基础；另一方面，班风正不正和主要班干部的言行息息相关，对于源自班长、纪律委员、团支部书记等主要班干部的歪风邪气，班主任要坚定抱持零容忍的态度，对于在给予机会后仍然不能改正的班干部，要坚决批评、撤换、改选，以维护班级的良好风气。

四、实践误区

像小贤这种学生，多是初中学生、高中学生或职高学生。平心而论，这些学生还是极容易引起班主任的不良情绪的。此刻，要让班主任完全做到心如止水，那是对班主任的苛求。然而，班主任毕竟是教育工作者，还是要守住一些职业底线的。

一方面，班主任不能对学生视而不见、不管不问。

班主任可以有意识地冷处理学生的问题，但不能对那些学生视而不见、不管不问，因为这不仅意味着对学生的放弃（学生没救了），也意味着对自己的放弃（自己没办法了）。在这种情况下，问题学生会我行我素，其他学生会有样学样。

因此，当此类学生再出现问题时，班主任还是要看得见、管得着——没有好办法，就按照传统方法来操作，但要做到不缺位。班主任要让包括问题学生在内的所有学生看到，班主任比他们更有韧劲和智慧，根本就不会"躲"或"怕"学生。

另一方面，班主任不能火急火燎地想把学生"赶出"校园。

此类学生着实让师生都感到讨厌，班主任想把此类学生尽早"赶出"校园的心情是可以理解的，但除非确实没有办法了，还要防止节外生枝。比如，一般情况下，学校即便可以劝退学生，也会相应给予学生一次机会，学生在考察期间果真出现一些诸如迟到、打盹、缺交作业等小问题，班主任就据此上报，多半是不能让学生成功离开校园的。

班主任上报了，而学生又没有离开校园，那么结果是什么呢？是学生对班主任的记恨，是学生或明或暗地对班主任的抵触，是家长对班主任的埋怨，等等。因此，在第二次上报给学校时，班主任要先按照原定合约，先给学生一次或两次机会，让学生和家长都看到班主任的宽容。当学生再有违反原定合约的言行时，学生和家长也就不能理所当然地责怪班主任了，当然也失去了告到教育局、找记者报道、到网上胡乱传播虚假消息的充分理由了。

也就是说，只要学生一天没有离开学校，班主任就要想办法教育转化这个学生，就要期待着有朝一日能把问题学生教育好。这是班主任作为教育工作者的使命。从这个角度来说，没有大爱的老师，是做不好班主任的。

众所周知，不良社会因素在某些问题学生形成过程中的作用，虽然是静悄悄的，但却是深入骨髓的。不良社会因素的可怕之处，正在于会产生一种极具破坏力的公共舆论。黑格尔曾说："无论在哪个时代，公共舆论都是一支强大的力量。"公共舆论可以救人，当然也能杀人。在这种背景下，班主任在解决有关社会因素问题时，必须做到谨慎、谨慎、再谨慎。

同时，班主任也要认识到，社会因素的改变，不能仅靠个人之力，必须依靠由更多的个人汇成的巨大力量。因此，班主任要抱着积极的心态，管好自己的一亩三分地，不悲观，不埋怨。

4. 看不见的"人"

不管从哪个角度来说，班主任都不要轻易触碰学生的底线，给学生留有正视成长的缓冲地带，也给自己教育转化学生留下充足机会。

一直以来，在问题学生教育转化的过程中，班主任劳神费力，多是以同情者、陪伴者、拯救者甚至是受害者的身份出现。但这是事实的全部吗？

在读大学时，我的同学小娟（化名）曾讲述过她读高中时的真实经历，如今看来，这段经历依然能给我们带来震撼。

在初中毕业生学业水平考试中，小娟考了 558 分（总分为 750 分），其中英语接近满分，但数学偏弱，总体成绩在全县同届毕业生中处于中等偏上的位置。为了能在高中阶段全身心投入学习，小娟请求父母为自己在学校旁边租了一间环境特别好的房子。整体来看，小娟的成绩虽然只能处于中等偏上位置，但小娟努力学习的决心是非常坚定的。

然而，天有不测风云。在准备入读高中的那个暑假，小娟被确诊为乙肝病毒携带者，而这个消息也不胫而走，一些初中同学都知道了小娟患病的事情。按照常理讲，小娟的病并不会传染给别人，周围的人也没有必要恐慌。然而，在新学期开学后，原本打算和小娟住在一起的一位初中同学找个理由离开了，而这位同学忍不住又把小娟患病的消息告诉了别人。这样，越来越多的人知道了小娟是乙肝病毒携带者这件事情。

接下来，小娟遭受到一连串的打击。

一些同学默默地不和小娟一起走路，不和小娟一起吃饭，不和小娟一起说话。有一天，学校旁边的小餐馆老板，悄悄地找到小娟，请求小娟不要再来餐馆用餐了，以免其他同学都不来这里吃饭了。听到这些，小娟感到了特别孤独、悲凉，第一次萌生了退学的念头。

小娟父母不得不再次带着小娟到医院检查，以确定小娟是否可以继续求学。医生明确告诉小娟，她只是乙肝病毒携带者，是不会把病传染给别人的，同时鼓励她按照要求进行常规体检和积极治疗，就能保证身体和正常人一样，并告诫她不要有任何心理负担。

听了医生的话后，小娟打消了退学的念头，继续坚持在学校求学。此外，小娟父母也宽慰小娟，既然医生说乙肝病毒携带者并不会把乙肝病毒传染给别人，那么小娟就没有必要对同学感到愧疚，也没有必要理会别人的风言风语，做好自己的学习就好了。而小娟，也做好了充分的心理准备，打算把所有心思都用在学习上，虽然仍然面临着非常大的压力。

就这样，小娟小心翼翼地认真求学，虽然经常遭到别人的歧视，但一直在坚持着。此刻，小娟多么需要温暖的鼓励啊；此刻，小娟又多么害怕冰冷的疏远啊！谁，能让小娟更有力量地坚持下去呢？谁，又会让小娟放弃颤巍巍的坚持呢？

就在此时，小娟的班主任不合时宜地出现了。

在一次换座位时，一些同学不想坐在小娟周围。小娟了解到这些情况后，就私下找到班主任，说自己想坐在教室后面的角落里，以免对同学产生任何影响。让人意想不到的是，班主任随后毫无顾忌地在班级公开说道："既然大家都怕小娟的病会传染给自己，那么我就让小娟坐在教室后面的角落里吧！"

小娟说，她没有想到班主任会公开说自己生病的事情，更没有想到班主任也是以一种歧视的语气来说这件事情的，班主任丝毫没有为小娟说一句理解、支持、鼓励的话。这让小娟伤透了心。顿时，小娟明白自己已经彻底被孤立了，感觉天都要塌下来了。

于是，小娟开始不听课（或者实在做不到专心听课了），开始不交作业，开始被老师们点名批评，开始被罚站，开始逃学，完全变成了一位让人讨厌的"成长受阻"型学生，走上了一条永远无法愈合伤痕的路。

熬了一段时间之后，小娟再也无法忍受这种压抑的生活，强烈要求父母给自己办退学手续，并以"再让去上学，我就跳楼"的话语来威胁父母。父母实在没有更好的办法，只能同意了小娟的退学请求，而小娟最终因为班主任的不当言行彻底改变了自己的人生轨迹。

……

在听了小娟的案例后，我在想，如果小娟的班主任在得知小娟是乙肝病毒携带者的消息后，能做好以下四方面的工作，那么情况会有什么不同呢？

首先，班主任及时给予小娟必要的鼓励。在得知小娟的情况后，班主任表现出对小娟的同情、理解和支持，同时鼓励小娟乐观向上，积极应对疾病带来的困扰。如此，小娟在心理上就会获得安慰，而这可能是小娟在学校内为数不多的强有力的安慰，因为很多同学都在歧视小娟，而小娟也把自己封闭在一个狭小得不能再狭小的空间内。

　　其次，班主任利用网络等手段帮助小娟获得科学防护疾病的知识。比如，班主任可以当着小娟的面，通过电脑搜索关于乙肝病毒携带者的防护知识，帮助小娟制订防护计划，既做到对小娟的关爱，同时也做到对全班其他学生的保护。如此，小娟在心生感激的同时，必然会更注重对自身健康的呵护，因为班主任的话极有可能比医生的话更暖人心。

　　再次，班主任通过主题班会等形式创造正确的班级舆论氛围。在班级出现残疾、疾病、家庭变故等重大问题后，班主任均有必要找机会通过演说、班会、谈话等形式来创造正确的班级舆论氛围，一方面要体现出对当事学生的强力支持，另一方面要引导其他学生正确对待同学们的悲惨遭遇。如此，班主任就帮助小娟创造了更轻松、更友好、更温暖的生存环境了，这必然大大减少小娟的心理压力。

　　最后，班主任密切关注小娟的动态并适时给予疏导。对于小娟面临的人生遭遇，班主任不可能一劳永逸，而是需要根据小娟的日常状态给予适时的疏导。比如，在班级开展重大活动时，班主任可以鼓励小娟大胆参与；当小娟在各方面有出色表现时，班主任热情地表扬小娟；在小娟遇到困难时，班主任及时帮助小娟出谋划策……总之，班主任要怀悲悯之心，对小娟温暖点，以呵护小娟更容易受伤的心灵。如此，当小娟遇到困难时，班主任就能及时伸出手拉小娟一把，从而帮助小娟坚定地走在求学的道路上。

　　……

　　倘若小娟的班主任真心能按照上述四方面来做，那么小娟还会迫于形势而退学吗？我想，小娟的班主任果然那样做，不仅极有可能会帮助小娟顺利走完高中求学路，甚至还能帮助小娟考进理想的高等学府。如此一来，小娟的人生将会完全不一样。

　　通过这样的对比，我们就不难发现，我们虽然不能把小娟退学的责任全部推到班主任身上，但至少可以确定班主任是压倒小娟的最后一根稻草。换言之，小娟的班主任不仅没有起到任何正面作用，反而还在小娟成为"成长受阻"型学生的道路上狠狠地用了一把力！

原本要教书育人的班主任，现在反而成了伤害学生的罪魁祸首。

这是多么无知，又是多么可恶的班主任啊！

由此，我们在感到心有余悸的同时，也不禁要思考：在"成长受阻"型学生形成的过程中，班主任可能会起到哪些"助推"作用，又该如何避免呢？

首先，班主任给予学生消极暗示，给学生贴问题标签。

比如，某学生连续迟到了两次。在第二次迟到的时候，该学生说的理由是"电梯坏了，而自己家住在第二十五层楼，所以耽误了不少时间"。这算不算比较客观的原因？当然算。仔细想一想，我们就可以发现其中的道理：从第二十五层楼走下来，需要多长时间？

一般来说，这可能需要七八分钟的时间。此外，再加上因为这种突发情况而造成的情绪变化，学生在慌慌张张中可能更容易出现一些行动迟缓的言行。班主任如果考虑不到这一点，就批评学生"时间观念差，纪律意识淡薄"，真的会在无意中给学生贴上了问题标签。

问题标签有什么危害呢？

问题标签的危害在于，当班主任给学生贴上问题标签后，多数学生可能就会从生活实际中寻找一些例子来证明班主任的"正确"。一旦学生用举例法证明了班主任的"正确"，以后就会默认自己的这种问题标签，并坦然地接纳这种类似的问题行为，久而久之就会产生难以改变这种问题行为的心理，从而让这种问题行为趋于常态化。这和"好孩子是夸出来的"道理是相似的。

其次，班主任放大问题的影响，强化学生的问题行为。

比如，某学生早恋了，班主任就像预言家一样，说学生用于学习的时间会减少，学生学习的精力会分散，学生的情绪可能会出现很大波动，学生的学习效果会大打折扣，学生的学习成绩会一落千丈，学生的人生会遭遇更多挫折……

类似班主任的逻辑是：通过对不良后果的放大呈现，让学生害怕、忧虑、警醒，从而引导学生有错必改、有错早改。从表面上看，这种逻辑有一定道理。但是，这种逻辑是基于一种一厢情愿的假设：此时恋爱是不适宜的，恋爱必定会影响学习，且当下的学习比恋爱更重要。绝大多数班主任当然都会认可这种假设，但是绝大多数学生会认可这种假设吗？事实上，不少中学生不顾一切地步入爱河，正是因为他们不认可这种假设，否则他们就不会谈恋爱了。基于此，班主任棒打鸳鸯的行为，多半会让鸳鸯的相互吸引力更加强劲。

然而，上述放大问题的影响的逻辑，对于不认可逻辑背后的假设的学生来说，更像是一种调味料，让学生在心底产生挑战班主任推理的叛逆念头，从而强化了学生的问题行为，甚至会让学生产生我行我素甚至是破罐子破摔的试错心理。

再次，班主任未适时支持学生，加速学生问题的滋生。

前文中有关小娟的案例，就是属于这种情况，此处不再赘述。

最后，班主任触碰学生底线，导致学生问题集中爆发。

当学生三番两次出现问题后，很多班主任都会着急。在着急的时候，不少班主任比较容易亮出撒手锏——学生越是怕什么，班主任就越要做什么。比如，某学生虽然问题缠身，但是又特别想留在校园。在该学生再一次犯错后，班主任如果就想让学生"回家反省"，或者"勒令退学"，那么就是触碰学生的底线了。

当然，在学生出现重大违纪或屡屡违纪的行为后，班主任并非不能触碰学生的底线。但是，班主任在触碰学生的底线之前，是要做大量铺垫工作的。比如，班主任要确保师生关系并非处于严重的敌对状态——如果师生之间是敌对关系，那么学生极有可能因此铤而走险，会顶撞、辱骂甚至伤害班主任；比如，班主任要了解学校对处理类似问题的态度——如果学校对此类问题"睁一只眼闭一只眼"，班主任就不宜"针尖对麦芒"，否则学生在家休息两天后，在返回校园时就极有可能和班主任时时、处处对着干，故意把能犯的错误全犯了，从而变成了一位彻头彻尾且无可救药的问题学生！

从这个角度来说，班主任不要轻易触碰学生的底线，以免导致学生集中爆发各种问题。也就是说，班主任在使用一些比较严厉的处理方式时，一定要做好铺垫，让学生、家长、学校都看到，班主任这样的处理是水到渠成、自然而然、仁至义尽、合情合理的，而不是班主任因为情绪不佳而临时随意决定的。此外，不管怎么说，一个学生在自己手上离开了校园，这也绝对算不上是什么光彩的事情。因此，不管从哪个角度来说，班主任都不要轻易触碰学生的底线，给学生留有正视成长的缓冲地带，也给自己教育转化学生留下充足机会。

通俗地讲，每个班主任都想"救人"，但是"救人"不仅需要情怀，更需要智慧。班主任一不小心，可能就会从"救人"的理想滑入"害人"的现实。因此，在班级出现问题学生后，班主任要多想一想"问题学生是不是我'培养'的"这个看似极其荒诞、实则普遍存在的问题，以时刻审视自己的教育工作，让自己不背离教书育人的初心。切记！

第 二 章

摆正观点，

还原问题学生受害角色

1. 不以常人的标准来评价

问题学生是在错乱、失败和纠结的心路历程中长大的，需要老师给予更多同情和宽容，这是教师职业态度的必然要求，每位教师都应有这样的悲悯之心。

小可（化名，高二男生）违纪使用手机的案例，被我校学生处领导作为典型案例在全校班主任大会上分享，希望全体班主任掌握解决这类案例的策略。

某天晚上，小可在宿舍准备上床睡觉时，其手机突然从口袋里滑落到地板上！而这一切，恰巧被生活指导老师看在眼里。于是，生活指导老师走进去拿手机。

就在生活指导老师伸手去捡起手机的瞬间，戏剧性的一幕出现了。

小可竟然从二层床上直接跳下来，用力挡开生活指导老师的手，迅速将手机捡起来并装进口袋里。生活指导老师让小可把手机交出来，小可矢口否认：那不是手机，你看错了。

第二天，班主任约谈小可，小可依然坚持说他没有玩手机。班主任问他滑落的东西是什么？小可只是一个劲地说那不是手机，并声称

"生活指导老师冤枉了他"。生活指导老师是眼睁睁地看着小可把手机捡起来的，小可竟然还拒不承认。对此，班主任很无奈，于是在和生活指导老师商量后，把小可的问题反馈到了学生处。

学生处主任在找小可谈话的时候，小可的态度非常坚决：我就是没有手机，生活指导老师看错了。学生处主任因觉察到小可的态度不够端正，有点生气地对小可说道："你这是什么态度？先站着反思一会儿！"谁也没想到，小可非常激动地质问道："我又没有犯错，你凭什么让我反思？"说完，小可头也不回地跑出去了！于是，老师们满校园地去找小可……

原来，小可在校园内转了一圈后，跑回教室上课去了。

小可平时表现如何呢？

生活指导老师说，小可几乎每天晚上在就寝后都会说话，几乎每一次值日时都不能按质按量做好值日工作。每当问他时，他总是能找出这样那样的理由来证明自己的无辜和冤屈。每一次小可出现问题后，生活指导老师都会耐心地教育他，但事后小可依然我行我素。生活指导老师表示，小可的问题，已经完全超出了他能解决的范围了。

班主任说，小可经常在教室内玩电脑。每次被发现玩电脑时，小可要么说他没有玩，要么说他是看别人玩，把责任推得一干二净。有一次，小可在教室内疑似玩手机，班主任走到他面前时，他把课桌洞堵得严严实实，并说班主任无权搜查他的私人物品。班主任也表示，小可虽然不犯大错，但小错不断，对小可的教育也到了心力交瘁的地步。

小可为什么会变成这样呢？

小可的爸爸妈妈过来了。他们对小可的现状不仅头疼，而且还特别心痛。他们很诚恳地说，小可在家里也是油盐不进的，动不动就会把自己反锁在房间里；他们对小可也是没有任何办法，除非他爸爸再揍他一顿。原来，从小时候起，小可的爸爸对小可的要求就特别严格。小可只要一犯错，他的爸爸就会狠狠地揍他一顿。可以说，小可是在不断的打骂中长大的。小可长大后，开始频繁顶撞其爸爸；就在这个暑假，小可还和他爸爸对打了呢！

从小可的成长环境及实际表现来看，小可已经形成了一种思维惯性：每当犯错时，他就会极力推卸责任。他为什么要极力推卸责任呢？显然，从小的经历让他明白，他一旦坦白错误，就会被暴揍一顿。这种从小就屡屡被暴揍的经历，在他幼小的心灵中留下了浓重的阴影：承认错误，就意味着付出沉痛的代价；死不承认错误，说不定可能会被免于惩罚。小可之所以死不承认错误，其实是因为想保护自己。

同时，在进入青春期后，小可的逆反心理增强。在意识到自己具备一定的反抗能力后，小可变得更加逆反，并从逆反中"尝到了甜头"。在逆反中尝到了甜头的小可，每当遇到问题时，都不会轻易配合师长的谈话和教育，有时甚至会采用强硬的态度来应对。小可错误地认为，他越强硬，就越有机会逃避责任，最终受到的伤害就越少。于是，他在感到来自他人的威胁时，一般都会强硬地对抗。

事实上，小可的爸爸妈妈未能在小可的内心种下温情的种子。小可既没有感受到更多的温情，也不知道在和他人相处时除了封闭自己、强硬对抗外，还可以坦诚相待、温暖相处。也就是说，小可的爸爸妈妈对待小可的不良方式，不仅让小可受到了深深的伤害，而且让小可养成了错误的与人交往的方式，渐渐地远离了坦诚、友善、温暖……

显而易见，小可是一位受害者。

客观地说，小可是一位"病人"。

对于受害者来说，老师需要给予同情和宽容。按照一般的观点来看，小可不仅违反了校规校纪，而且激烈地顶撞了老师。此时，如果老师和小可较真，那么就特别容易产生不良的情绪。试想一下，小可的态度不友善，老师的态度也不友善，这样就把解决问题的所有通道都关闭了——良好的关系是教育问题学生的基础。此刻，老师必须清醒地认识到，小可越顶撞，表明他在内心受到的伤害就越大，小可就越需要老师的同情和宽容。哪一位学生不想品学兼优？哪一位学生不想得到师长的鼓励？哪一位学生不想广受同伴欢迎？问题学生之所以没有做到，不是因为他们不想做到，而是因为他们在内心找不到更适合的方式来达成目标。他们是在错乱、失败和纠结的心路历程中长大的，需要老师给予更多同情和宽容，这是教师职业态度的必然要求，每位教师都应有这样的悲悯之心。

对于"病人"来说，老师要用科学的方法救治和帮助他们。如何消除小可内心的阴影？这是老师需要深入思考的专业问题。当困难出现后，一切的指责和埋怨都无济于事，除非要把小可从班级和学校赶出去，老师才能"眼不见为净"。作为教书育人的老师来说，这样的选择显然是不能维护教师职业尊严的。当然，学生"病了"，老师即便想办法治疗，也不见得能治疗好。但是，治不好和不去治是完全不同的。在面对"生病"的学生时，老师需要不断尝试新方法去治疗，以期能治愈"生病"的学生。事实上，对于那些品学兼优、身心健康的学生来说，老师对他们的意义或许是一盏明灯，指引他们向更光明的方向前进，这是教师对学生未来的锦上添花；对于那些品学堪忧、身心有恙的学生来说，老师对他们的意义或许是一架梯子，挽救他们于漆黑悲凉的人生深渊，这是教师对学生未来的雪中送炭。显而易见，对问题学生的雪中送炭，更能彰显教师的专业水平，更需要教师不断探索。

从以上两个角度来看，问题学生都不同于普通学生，他们一般有着极为特殊的童年经历、消极的生命体验或濒于扭曲的心理特征。既然问题学生不同于普通学生，老师就不能以普通学生的标准来评价他们。当以普通学生的标准来评价问题学生时，老师就会陷入许多不良情绪中。不以普通学生的标准来评价问题学生，这既是教育的需要，也是科学看待问题的明智选择。当然，老师绝对不能明晃晃地给问题学生贴不正常的标签，但的确需要在内心客观看待问题学生。不以常人的标准评价问题学生，而以平常心对待问题学生，当然也是教育转化问题学生的前提。

举个简单的例子，如果某天问题学生顶撞老师了，而老师很在乎问题学生让自己丢了面子，那么还如何能同情、了解、帮扶问题学生呢？如果老师把问题学生的顶撞理解为问题的呈现，而不是把问题学生的顶撞看成是一般意义的顶撞，那么老师就不会产生太多不良情绪了。对于问题学生，老师的确需要看到他们的特殊性，这样才能把工作做得更有针对性。需要说明的是，不管是习惯型、品德型、学习型、心理型等问题学生，他们的内心深处都是有一个特殊的"结"的。对于这个特殊的"结"，是人和人不同的关键之所在。每一位问题学生都有着不健康的成长环境，都或多或少表现出"成长病"的症状。问题学生实在需要老师们区别看待，切不可一视同仁。

比如，对于习惯型问题学生来说，他们的习惯为什么不好？我们深入了解之后就会发现，他们在童年时，父母可能包办代替得太多了，以致这些学生"衣来伸手饭来张口"，丧失了很多自主成长的机会，不能独立地把事情做好；抑或父母对他们的要求太严厉了，凡事都要紧盯着，做不好就批评、呵斥，这样他们在内心肯定会有不配合甚至是剧烈抵触的情绪的，并因此慢慢地变得慵懒、拖沓、分心。让学生转变为问题学生的这个"结"，可能是温水煮青蛙般的温柔伤害，也可能是狂风暴雨式的摧残毒害。这个"结"，让问题学生区别于普通学生，也提醒老师要区别看待问题学生。

此外，鉴于生理和心理上的遗传因素不同，每个人的心智、性格和健康等，在生来就是不一样的。再加上后天家庭结构、成长氛围、童年经历等不同因素，每个人与他人在心智、性格和健康等方面相比，就更千差万别了。人与人之间的巨大差异性是客观存在的，问题学生与普通学生之间是这样，问题学生与问题学生之间也是这样。这也告诉我们，对待问题学生不可一视同仁，对待同类型的问题学生也不可一视同仁。

比如，同样是厌学型问题学生，甲同学厌学的原因可能是没有认识到学习的重要性，不愿意勤奋学习；乙同学厌学的原因可能是求学前期是努力学习的，但是学习效果一直比较差，于是自暴自弃；丙同学厌学的原因可能是家长的要求太高了，家长经常苛责他，却几乎从来不鼓励他，他因此被压垮了；丁同学厌学的原因可能是某次因故没有做完作业，而老师不分青红皂白就严厉地批评他，于是丁同学逐渐对学校产生了厌烦情绪……每个厌学型问题学生背后，都有一段带给他们深刻印记的特殊经历。

由上可见，不管是从遗传的角度，还是从问题学生形成的原因来看，问题学生都是与众不同的。问题学生的与众不同，要求老师在看待问题学生时，首先要做的就是从问题学生的角度来看待问题学生——用问题学生的眼光分析问题学生的问题，用问题学生的标准评价问题学生的问题，用问题学生的需求指导问题学生的问题。如此一来，老师才能更敏锐地发现问题学生的问题，才能更坦然地接纳问题学生的问题，才能更有针对性地解决问题学生的问题。面对问题学生，老师需要这样特别而又客观的问题学生视角。

蔡元培曾说："教育者，非为已往，非为现在，而专为将来。"作为一名教育工作者，我们无法选择学生，但可以选择为学生的将来多想一点、多爱一点、多做一点。万一问题学生因为我们的辛勤且智慧的工作而健康成长，我们在内心肯定会笑出花来的。而这一切的基础，都是我们不能以常人的标准来和问题学生那种"当下给人带来麻烦、让人操碎了心、令人心烦意乱"的一言一行斤斤计较。面对问题学生，我们要想得更透彻一点，看得更长远一点，做得更高端一点。

2. 他们更需要公正

公正地对待问题学生，是我们教育转化问题学生的保障。

临近期末，各种评优评先活动均拉开了帷幕。

一位班主任找到我，问我要不要给予小鹏（化名）"体育特长生"的荣誉称号。这是怎么回事呢？原来，小鹏经常迟到，频繁在课堂上打盹，三天两头不交作业……为此，班主任找小鹏谈过心，帮助小鹏制订过计划，当然也约请小鹏家长到校交流过。

但是，小鹏并没有因此而发生多少明显转变。

不过，小鹏特别喜欢足球，而且踢得非常不错。今年，我校足球队参加市高中学生足球比赛，最终获得全市冠军。其中，小鹏就是主力前锋之一。客观地讲，小鹏虽然对待学习不够认真，但是对踢足球还是非常用心的，的确符合"体育特长生"的要求。

了解这些情况后，我和班主任探讨了一个问题——

小鹏是否符合学校评优评先的底线要求？比如，如果小鹏本学期受过纪律处分或者有过诸如打架斗殴、恶意顶撞师长、考试作弊等不良行为，那么小鹏就不符合学校评优评先的底线要求。在这种情况下，班主任可以按照学校制度，有理有据地取消小鹏的评优评先资格。但是，如果小鹏没有受过纪律处分或者没有过诸如打架斗殴、恶意顶撞师长、考试作弊等不良行为，符合学校评优评先的底线要求，那么我们就必须尊重他参与评优评先的权利，就像对待其他学生一样公正地对待他。

再退一步说，我们班级是否有关于评优评先的要求？比如，对于小鹏迟到、课堂打盹、不交作业的次数，班级是否有"达到一定次数就取消评优评先的资格"等明文要求？如果班级有类似的班规，那么班主任亦可按此班规处理。倘若班级没有这样的规定，那么班主任就要尊重小鹏参与评优评先的权利，而不能临时给小鹏"穿小鞋"。

听完我说的话后，班主任说小鹏符合评优评先的底线要求，班级也没有此类规定。但是，班主任还是觉得有点不甘心，因为小鹏平时的表现太糟糕了——虽然大错没有，但是小错不断。我告诉这位班主任，此刻我们要做的就是"有一说一，就事论事"，而不能让复杂情绪左右了我们的理性判断。

同时，我还告诉这位班主任。如果这次我们无故取消小鹏的评优评先资格，那么我们就彻底将自己推到了小鹏的对立面，几乎完全丧失了教育转化小鹏的可能，因为我们让他感受到了敌意，同时也让他看到了我们胸怀不够宽广、格局不够高远、底线不够鲜明等"缺点"。这对于一位班主任来说，简直是灾难性的评价。

但是，如果我们能按照既定制度，尊重小鹏参与评优评先的权利，大大方方地让小鹏参与期末评优评先活动，那么我们不仅呈现出"公事公办"的带班原则，而且彰显了我们的善意，保留了教育转化小鹏的可能性，同时也能让其他学生看到我们宽广的胸怀、高远的格局、鲜明的底线。这是对制度的尊重，对小鹏的尊重，当然也是对我们自己的尊重。

从这个角度来说，公正地对待问题学生，是我们教育转化问题学生的保障。失却这个保障，我们和问题学生将会变成两条平行线，几乎再也没有交心的可能性了。当然，问题学生在日常的不良表现，不仅会让我们头痛不已，而且还会让我们积攒很多不良情绪，让我们很有挫败感，同时又感觉"很不爽"。

此刻，倘若我们运用我们作为班主任的"特权"，践踏问题学生的某些权利，或者取消问题学生的某些资格，虽然可以逞一时之快，但是却滋生了无穷后患。这不是一位老师应该做的事情，当然也不是一位有智慧的班主任应该做的事情——有违师德，摒弃智慧。

这让我想到了另外一件事情。

小可（化名）不仅对学习毫无兴趣，还曾两次参与打架斗殴，而且在两次打架斗殴中均是事件挑起者。其中，第二次打架斗殴发生在教室，当时正值课间，小可先是走到同学的桌子前找同学理论，然后对着同学的后脑勺一顿重拳。为此，小可付出了非常惨重的代价，不仅被学校给予留校察看的严厉处分，而且成了大家眼中的"恐怖分子"，很多学生都因此而有意远离他，不少老师也把他当作重点"盯防对象"。

就在大家还没有完全从小可第二次打人的阴影中走出来的时候，小可第三次参与打架了。在听到消息的那一刻，几乎每一个人都判断这次应该仍然是小可引起了战争。但是，这次结果却完全出乎了我们的意料。

在这次打架事件中，是另外一位同学主动挑起事端，不仅先动手，而且把小可的鼻子打出血了！而小可呢？不仅没有先动手，而且保持了极大克制，几乎没有还手。小可没动手，当然不是因为对方有多么强大，因为这位同学远远没有前两次与小可打架的同学那样高大、强壮。看来，小可确实有所克制和收敛。

客观地说，在这次打架事件中，小可是彻头彻尾的受害者！

此时此刻，我们需要做的就是调查好实情，在表扬小可在打架中保持克制的同时，也要站在小可的角度上来保护小可。也就是说，纵使小可之前有千错万错，但在这件事情中几乎没有过多错误，我们必须为小可的克制而点赞，同时要公正地对待小可，不能因为他以前打过两次架，就把他一棍子打死了。

后来，在调查过程中，小可感受到了老师们的公正，在事情的处理过程中极力配合，而不像以前那样把责任推脱得干干净净。在事情处理完的时候，小可对老师表达了感谢，而这在以前是不敢想象的。

由此可见，让问题学生感受到我们的公正，是可以触动问题学生的，问题学生尤其需要公正对待。一旦我们的公正触动了问题学生，那么我们就创造了走近问题学生的契机，为教育转化问题学生保留了希望。当然，问题学生之所以被称为问题学生，就是因为其问题不断，我们可能实在无法完全清除问题学生在日常工作中给我们带来的不良情绪。这是客观存在的，我们没有理由要求我们自己无视这些不良情绪，因为我们也是普普通通的人。

但是，问题学生的教育，不论何时，都是我们工作的重点和难点。我们虽然不能保证可以教育好每一位问题学生，但是这并不意味着我们要放弃对问题学生的教育。在这种关键时刻，不良情绪可以存在，但是不能影响我们的理性判断，更不能左右我们的言行。

那么，我们如何才能公正地对待问题学生呢？

首先，面对问题要耐心做好解释工作。

班主任处理学生问题，最易产生"得罪人"的副作用。不少学生在出现问题时，学校领导会首先通知班主任，班主任会立刻调查问题学生，有时还不得不联系家长……客观地讲，班主任出现在处理学生问题的方方面面，于是容易给学生留下"班主任不仅不帮忙，而且还不依不饶"的不良印象。

事实上，班主任此刻有多委屈，只有做了班主任才知道。正因如此，班主任要避免"做了事情，受了委屈，还挨骂"的最坏局面的出现。此刻，班主任最需要做的就是解释工作。这里的解释工作，分为三种——一是事前解释，让学生知道他们一旦犯错将会受到怎样的处理，这对于每一位学生都是一样的；二是事中解释，让学生进一步知道为什么要这样做，依据是什么；

三是事后解释，让学生了解班主任承担的压力及所受的委屈。

通过这三种解释后，大部分学生都能理解班主任的艰难处境，都不会轻易怪罪班主任。当然，这种解释也不是万能的，如果有少部分学生确实不能一下子就理解班主任的艰难处境，班主任也不要着急，以后有机会再做进一步解释。同时，需要提醒的是，我们做解释的目的，就是消除误会，在解释时班主任切不可带着坏情绪，要不然还不如不解释，因为坏情绪早已让我们得罪了学生。

其次，按照已有制度处理问题学生。

在处理有关问题学生的事情时，班主任常常会陷入"从严"处理的泥淖，有时甚至不惜一个人临时制定一些原来没有的制度。其实，这是非常不明智的。我们可以用我们自己做例子——比如，学校以前对老师坐着上课的事情没有什么要求，但是某一天校长看到了我们坐着上课，然后就宣布扣我们的绩效奖，那么我们会有什么感想？！

也就是说，在管理和教育学生时，我们所遵循的制度，一定是学生提前就了解的制度，而不是为了处理一位学生或一个问题而临时一拍脑袋就定下的制度。如果我们原先的制度确实有缺陷，需要更正和完善，那么也要在处理完这位学生或这个问题之后再去更正和完善，而不能就这位学生或在这个问题上来执行。

这是程序公正的体现，班主任需要遵守。如果我们将临时的新制度用在刚好犯错的问题学生身上，那么就体现不出这种程序上的公正。做到这种程序上的公正，问题学生对我们的处理就会无话可说，因为我们是按照原有制度做事的，而不是针对某一个人的。

再次，尊重问题学生的任何权利。

如前文所述，班主任到底是否允许小鹏参与评优评先活动？笔者认为，只要小鹏符合学校和班级的底线要求，那么班主任就必须要尊重小鹏的评优评先权利。在其他情况下，班主任也要注意尊重问题学生的任何权利。

比如，在我所带的班级中，我坚持为过生日的学生送生日贺卡。在个别受过处分的学生过生日的时候，我仍然会给这些学生送生日贺卡，该班级同唱生日歌的就同唱生日歌，该班主任表白的就敞开表白，该班主任写祝福语的就尽情写祝福语……作为班级一分子，这是问题学生应该得到的权利。

当个别受处分学生过生日的时候，如果我对送生日贺卡等事宜不提不问，那么这些受处分的学生会怎么想？他们肯定不会认为我是一位公正对待学生的班主任。

最后，相信问题学生可以创造美好未来。

从长远的角度来看，很多问题学生的未来，并不像他们当下的表现那样糟糕。当下的问题学生，同样可以在将来创造美好。也就是说，在面对问题学生时，我们尤其要用动态发展的眼光来看待他们，因为他们确实拥有"来个一百八十度转变"的巨大潜力。

落实到日常教育教学工作，我们就要相信问题学生随时都有转变的可能。众所周知，问题学生的转变，需要一个恰当的契机，这个恰当的契机，可以更新甚至是改变问题学生某个或某些核心观念，从而让问题学生因观念改变而出现行为上的改变。而这个恰当的契机，可能是一件"惊天地泣鬼神"的大事，也可能是一件微不足道的小事，客观上讲随时都有可能出现。这也是我们对问题学生抱有信心的根本原因。

我们不要因为问题学生一时的糟糕表现，而对问题学生失去信心。平时，我们该表扬的要表扬，该鼓励的要鼓励，该期待的要期待，要看到问题学生头顶上可能随时出现的彩虹，静候问题学生的转变。这是公正对待问题学生的体现，也是教育问题学生的要求。

综上所述，公正对待问题学生，是体现班主任良好职业态度的重要标志，也是教育转化问题学生所必须遵循的教育规律。当然，我们很容易明白这些道理，而将这些道理运用到教育转化问题学生的日常工作中，将会异常考验我们的耐心和智慧，需要我们用心修炼。

3. 慎用立体否定

学生受经历单薄和心智尚未完全成熟等客观因素限制，还没有把内心修炼到"知耻而后勇"的境界，他们多半会因为内心的脆弱，而被这种立体否定轻松打倒。而学生一旦被打倒，就很难再被扶起来了。

某一天，同办公室一位班主任把某迟到学生喊进办公室，并对他进行了批评教育。我刚好在场，就听到下面一段对话，现整理如下——

班："你今天为什么又迟到了？"

生："今天轮到我在宿舍值日，因为有同学走得比较晚，所以我被耽误了一点时间。"

班："这么说，你是因为客观原因才迟到的吗？"

生："是的。"

班："那昨天你为什么迟到呢？上一周你又是为什么迟到呢？"

学生沉默不语。

班："其实呢，你都是高中生了，一点时间观念和纪律观念都没有，你还谈什么将来？哪个部门、哪个单位敢聘用你？一个一点都不自律的人，我就不相信还能做成什么辉煌的事业？一个遇到问题就推卸责任的人，还有什么担当精神？前几天，你刚刚写过保证书，看你这样，写了等于没写，古人说一诺千金，我看你就是一诺一毫一厘都没有的主。你这样的人，别人和你交往时真的会感到害怕的……"

……

统观上述师生之间的对话，我们不难发现，班主任由学生的迟到问题发散到学生将来的就业、事业、担当、信守诺言、人际交往等问题，可以说"完美"地实现了由点到线、由线到面、由面到体的高度"升华"。不幸的是，这是在否定学生，而不是在肯定学生——由点到体的肯定，有可能让学生看到自己的巨大潜力，从而激发学生的奋斗热情，让学生朝着理想的方向成长；而由点到体的否定，犹如一把刀子，从撕开学生一处的伤疤，到撕开学生全身的伤疤，有可能让学生感到自己一无是处，从而导致学生破罐子破摔。

客观地说，这种立体否定，带给学生的多半是嫌弃、羞辱、绝望等负面信息，让学生颜面扫地、尊严尽失，是对学生成长信心和个人尊严的毁灭性打击。事实上，作为班主任，我们并不担心调皮捣蛋的学生，但是非常忌惮既调皮捣蛋又缺失成长信心和个人尊严的学生，因为他们已经什么都不在乎了，油盐不进，我行我素。这种立体否定，极有可能把问题学生变成这样无所在乎、油盐不进、我行我素的学生。

有的老师可能会说，学生会不会因为猛烈的立体否定"知耻而后勇"呢？我想说，存在这种可能性，但这种可能性非常小——学生受经历单薄和心智尚未完全成熟等客观因素限制，还没有把内心修炼到"知耻而后勇"的境界，他们多半会因为内心的脆弱，而被这种立体否定轻松打倒。而学生一旦被打倒，就很难再被扶起来了。

正鉴于此，班主任在教育转化问题学生时，要慎用立体否定。

那么，班主任如何才能做到慎用立体否定呢？

首先，变情绪宣泄为逻辑推理。

在上述案例中，班主任的不良情绪从"这么说，你是有客观原因才迟到的"这句话开始就被彻底点燃了。事实上，班主任在找这位学生谈话时，已经带着不良情绪了（因为学生经常性迟到，而且前不久刚刚写过保证），只是学生的前一句话成了导火索。在接下来的话语中，班主任基本上是在宣泄不良情绪，其正面意义微乎其微，负面影响巨大无比。

其实，对于屡屡迟到的学生来说，宣泄不良情绪是没有多少教育价值的。班主任需要做的就是通过逻辑推理，否定学生的一个又一个所谓的客观理由，引导他们回到正面面对自己主观上的问题这个正常轨道上来。此时，上述对话可这样进行——

班："你今天为什么又迟到了？"

生："今天轮到我在宿舍值日，因为有同学走得比较晚，所以我被耽误了一点时间。"

班："请问这位同学是不是在规定时间之前离开的？"

学生可能回答"是""不是""不清楚"三种情况。

如果学生回答"是"，那么问题迎刃而解，该学生迟到不是因为同学晚走才迟到；如果学生回答"不是"或"不清楚"。那么班主任可以按照如下形式继续问答。

班："请问这位同学是谁？如果你不方便说的话，那么我马上把你们宿舍的同学喊出来，自己问一下，因为他耽误了别人的时间，给别人带来了麻烦，我有必要提醒他一下。"

班主任这样一较真之后，学生如果说出来是哪位同学晚走，那么班主任就按照他说的喊同学出来核实，然后详细核查情况，预防同学帮迟到的同学顶锅——其实，即便如此，迟到的学生以后也不会轻易再使用这招，毕竟是欠别人人情的事情。如果学生没有说是哪位同学晚走，那么班主任可以喊宿舍同学出来问下，也可以视迟到学生的现场反应，看一看要不要给予迟到学生一个不彻底追查的机会——如果学生略显紧张，那么班主任就卖学生一个人情，说"出现这种情况，我是可以核查的，请以后不要再用这样的方法来推脱责任了"；如果学生显得无所谓，那么班主任就有必要喊同宿舍的学生出来核实，要彻底调查清楚这件事情的来龙去脉，是谁的责任，谁就要承担。

即便是因为同学走得晚这位学生才迟到，班主任也不能就此罢手，还要做后续工作，以防学生以后继续使用这个理由，而班主任显得没有一点办法。

班主任："经核查，某某学生确实走得比较晚，这可能间接导致了你的迟到。注意，我说的是间接，以后再轮到你值日时，你要在头天晚上提醒同学们，以后要早一点离开宿舍以免值日同学迟到。当然，你也可以和寝室长沟通下，看能不能形成一个制度，规定非值日同学什么时候离开，以免造成值日同学迟到的问题。这样一来，就把你说的问题彻底解决掉了。以后，如果你再迟到，我不希望你还用这个理由。"

通过这样的逻辑推理，就容易让学生回归到"分析迟到理由，解决迟到问题，承担迟到责任"的轨道上来，找到学生产生问题的"根"，给学生提供解决问题的办法，既能逐步杜绝学生形成趋于寻求客观原因来推脱责任的不良习惯的现象，又能让学生正面面对问题，可谓一举两得。

其次，变发散思维为聚合思维。

在上述案例中，班主任由学生的迟到问题发散到学生将来的就业、事业、担当、信守诺言、人际交往等问题。此时，班主任用的是"发散思维"———种扩散状态的思维模式，思维呈现出多维发散状。运用这种发散思维的后果是，不仅全面打击了学生，而且让班主任气得不轻——学生的错误太多了，方方面面，几乎不留死角，这样的学生实在太气人了。

其实，班主任此刻宜采用"聚合思维"———种有方向、有范围、有条理的收敛性思维方式，与发散思维相对应。也就是说，现在师生之间谈论的是迟到问题，那么师生之间的对话就围绕着"迟到"来展开，不要随意跑到就业、事业、担当等领域了。

比如，班主任在做好核实等工作后，就可以围绕迟到问题再做一个简单的总结——

班主任："从你最近的迟到情况来看，你迟到的次数还是非常多的。正如你所说，有些迟到可能是由客观原因造成的，但也有一些迟到是由主观原因造成的。在我看来，一些迟到问题是可以避免的，只要我们稍微注意一下就行。这个迟到问题，往小的方面说，是太随意了；往大的方面说，是时间观念比较淡薄。时间观念有多重要，我相信你是明白的，就不再多说。接下来，我就重点关注你的迟到问题，我非常好奇，你还能迟到多少次?! 我看你表现。"

再次，变负面挖苦为正面建议。

班主任在教育转化问题学生时，是奔着"解决问题的目的"而来的。挖苦学生，除了宣泄情绪、打压学生之外，对解决问题没有任何帮助。因此，在教育转化问题学生时，班主任要做的核心工作就是找出能够解决问题的正面建议，这才是根本任务。

在上述案例中，学生多次迟到，班主任实在有必要给学生做一个全方位的迟到问题"体检"。比如，班主任就可以这么做——

第一步，找出各种可能迟到的时间点。

早读会不会迟到？课间会不会迟到？下午上课会不会迟到？晚自习会不会迟到？班主任通过学生迟到的"大数据"来分析，学生的迟到是集中在一个时间点，还是全面开花。确定时间点后，班主任还要进一步了解学生迟到了多长时间，以便了解到更深层的原因。

第二步，确定造成各种迟到的原因。

学生到底因为什么迟到？如果学生是集中在一个时间点上迟到，那么因为起得晚、走得慢，还是因为无所谓？我们要进一步确定学生迟到的原因，这是解决问题的症结之所在，我们必须调查清楚，否则后续的工作就是隔靴搔痒。

第三步，商讨各种应对迟到的策略。

学生如果因为起得晚而迟到，那么可以通过提前起床十分钟、定两个闹钟、父母喊起床、同学提醒起床等方法让学生起得早、起得来；如果学生是因为无所谓，那么我们在讲清道理（一对一讲、班会课讨论、活动体验等）的基础上，有必要给予学生一定的惩戒，让学生充分意识到迟到的严重性以及要为自己的行为负责的道理。

第四步，共同签署解决迟到问题的建议书。

在完成上述三步工作之后，班主任可以要求学生写一份解决迟到问题的方案，同时提醒学生方案要有可操作性——既要有科学的方法，也要有明确的要求；既要有适当的惩戒，也要有可缓冲的余地。在学生起草完毕后，班主任和家长共同把关，并在方案上签字，一式三份，学生一份，家长一份，班主任一份。建议书要有板有眼的，后续问题即可按此处理。

最后，变悲观失望为乐观鼓励。

客观地说，"希望所有学生都非常优秀"的想法既是教育工作者的一大优点，也是教育工作者的一大缺点。前者能让教育工作者爱岗敬业尽职尽责，后者则让教育工作者忧心忡忡抑郁焦虑。希望所有学生都非常优秀，是教育工作者的浪漫情怀，也是教育工作者的"忧天下之忧"的宿命。

当然，我们需要明白的是，这里的优秀是相对的优秀，而非绝对的优秀。比如，每个学生都喜欢数学，而且都能考一百分，这是绝对优秀；某学生过去很讨厌数学，现在慢慢喜欢数学了，并考了一次及格分数，这是相对优秀。很多时候，教育工作者的困扰正在于此，常常混淆相对优秀和绝对优秀，致使自己经常被重重压力包围。

在上述案例中，如果学生上周迟到三次，而本周只迟到两次，那么这起码是相对优秀的表现了。班主任不能拿这位学生本周迟到两次的现象与那些从来都不迟到的学生相提并论，这两者没有可比性，这是客观条件限制的结果，也是人性使然。

再则，但凡有一些教育经验的人都知道一个现象——有多少校园内的问题学生，在走上社会后"洗心革面，变成当年老师希望他们变成的样子"。学生的成长，需要这样一个长远的过程，我们不能期待每个学生的问题都在校园内被完全解决。

从这两个角度来看，作为班主任，我们理应对所有学生，包括那位表现最糟糕的学生，抱有殷切的希望。当这样想的时候，班主任要做的工作就是乐观地鼓励学生朝着某一个美好的方向努力，不管这位学生刚刚做了什么令人绝望的事情。

在教育转化问题学生时，我们慎用立体否定的一个最明显标志就是，在师生对话的最后阶段，我们是不是乐观地鼓励了学生？如果我们乐观地鼓励了学生朝向美好，这既是给予学生一份美好的成长希望，也是给予我们自己一个美好的教育梦想。

总之，问题学生因为问题不断，在长年累月的时间里，受到了越来越多的否定甚至是立体否定。这些否定或立体否定，仿佛一只又一只小小的蚂蚁，慢慢地啃食着捍卫学生成长信心的尊严堤坝，久而久之让学生的尊严堤坝坍塌，让学生的成长信心消失殆尽，最终让学生着实变成了我们口中批评他们的样子……

4. 想一想白嘉轩做了什么

像白嘉轩那样教育问题学生，就是要在艰难的环境中，学习白嘉轩的智慧、见识、心胸、担当，同时深入感受白嘉轩的向善之心和奋斗的力量。

一般来说，不少班主任偏爱优生、忽视中间学生、厌恶"差生"，并在不经意间就会把这种偏爱、忽视和厌恶表现出来。事实上，这种偏爱、忽视、厌恶确属人之常情，然而不符合教师职业道德及教育教学规律。罗森塔尔等人的实验不仅证明了教师态度与学生成绩的关系，而且证明了教师态度对师生关系的直接影响。

作为班主任，我们在面对问题学生时，到底需要怎样的专业态度呢？

在长篇小说《白鹿原》中，作者陈忠实重点塑造了白嘉轩这个族长角色。不得不说，作为族长的白嘉轩，在对待问题族人方面，真正做到了胸怀宽广、有勇有谋、敢于担当。从这个角度来看，白嘉轩更像是一位卓越的"问题学生教育专家"，值得我们班主任用心学习。白嘉轩的形象，与我心目中帮扶问题学生的专家形象特别吻合，所以本文以白嘉轩为例，来探讨班主任帮扶问题学生所需要的专业态度。

一、制定乡约，创造文化育人的氛围

白鹿村《乡约》出自朱先生之手，对酗酒斗讼、行止踰违、行不恭逊、造谣诬毁等"犯义之过"，都要求如实记录下来，对犯过三回者，就会按其情节的轻重处罚，处罚的方式包括罚跪、罚款、罚粮以及鞭抽板打等。

白鹿村《乡约》施行后，偷鸡摸狗、摸牌九搓麻将等事顿然绝迹，打架斗殴扯街骂巷的争斗事件再不发生，白鹿村人一个个变得和颜可掬、文质彬彬，连说话的声音都柔和纤细了。由此可见，白鹿村《乡约》在维护良好秩序、引导族人向善、构建文明氛围、约束问题族人等方面确实发挥了显著作用，达到了"教民以礼义，以正世风"的目的。

白鹿村《乡约》为什么能发挥出显著作用呢？

一方面，白鹿村《乡约》由朱先生执笔完成。

朱先生在白鹿村原是极具声望的人，当地百姓对他异常佩服，对他精心设计的《乡约》自然也是无比相信。正因如此，白鹿村人愿意学习《乡约》，也愿意按照《乡约》的要求来为人处世。

这带给我们什么启示呢？班主任在制定班约时，一定要让学生相信班约，要让有声望的人参与——比如，全体学生参与形成框架；核心干部参与拟订初稿；全体学生参与修订初稿；家长代表参与审议修订稿；有异议的学生参与确定试行稿……班级在建班之初，可能找不到像朱先生那样的人，但是我们可以通过上述形式来达到相同的效果。

为什么要这样做？事实上，大多数学生都会自觉遵守班约，只有少数有想法、有个性、比较调皮或存在问题行为的学生，会对班约的真正落实造成挑战。鉴于此，班主任在制定班约时，一定要让将来可能用到班约的学生参与——这既是提前熟悉班约、接受班约教育的过程，也是为后续顺利执行班约奠定基础的过程。

另一方面，白嘉轩扎实开展背诵及践行《乡约》的活动。

每逢重要节日或族人娶嫁，白嘉轩都要召集族人，在祠堂里举行庄重严谨的仪式，要求族人的子子孙孙牢记《乡约》且要"用于生活"。同时，白嘉轩在祠堂里立下石碑，将《乡约》的内容篆刻上去，意欲永久流传。此外，白嘉轩还开展了轰轰烈烈的背诵《乡约》的活动，那段时间一见到族人，就先让族人背诵《乡约》，的确将引导乡民把《乡约》入脑入心入行的工作落到了实处。

其实，班主任在制定好班约后，也应该扎实开展这种让班约入脑、入心、入行的活动。比如，在重要时刻，让学生齐读班约；将班约的核心内容，融入到班歌中；以班约为内容，持续设计主题班会课……这样开展后，班约就不再是一纸空文，同时班级也会形成践行班约的心理场，这对提醒、警示、转化问题学生，都是非常有必要的。

二、公平公正，对所有族人一视同仁

在《白鹿原》中，白嘉轩执行《乡约》的事情主要有两件：一是田小娥与狗蛋因为不轨行为而受到用刺刷各打四十的鞭刑；二是白孝文因为与田小娥的不正当关系而受到同样的鞭刑。

这种刑罚有多严酷？

狗蛋被刺刷抽得浑身稀烂，在被人拖回家后就再没有站起来。最后，他竟然死在水缸根下。也就是说，这种严酷的刑罚，是可以打死人的。正因如此，在族人反复求情的情况下，白嘉轩仍然有板有眼地对自己的亲儿子白孝文施行同样严酷的鞭刑，更能体现出他对待族人的公平公正。

在惩戒学生时，班主任必须对所有学生一视同仁，尽力做到公平公正，这既是班主任带班的根本要求，也是班主任教育转化问题学生的必然基础——不少问题学生，他们承担责任的勇气不足，但挑毛病的精力特别充沛，班主任一旦让问题学生抓住了不公平公正的事实把柄，就很难谈得上教育转化问题学生了。

在惩戒学生时，班主任就需要像白嘉轩那样，不管是对容易令人心烦的问题学生，还是对特别让人喜爱的优秀学生，都要一碗水端平，不能因为学生是问题学生而加倍处罚，也不能因为学生是优秀学生而敷衍了事。比如，以迟到为例，问题学生迟到需要写 50 字说明，优秀学生迟到同样需要写 50 字说明。

当然，学生的情况不一样，即便是同样的问题，班主任的处理方法也不可能完全相同。此时，班主任要做好解释工作，公开把这样做或那样做的原因讲清楚，随时解答任何学生关于事情处理的任何疑问——班主任要有这样的底气，否则班主任对事情的处理可能真的就有失公允了。这可以成为班主任教育问题学生的一个标准。

三、胆识过人，树立过硬的个人形象

综合《白鹿原》的小说及相关影视剧作来看，白嘉轩的个人形象被塑造得相当高大，这除了和白嘉轩平时的心胸宽广、严于律己、言出必行等品格有关外，还得益于三个关键事件。

一是白嘉轩当年曾陪着朱先生进过清军大营，算是经历过生死和见过大场面的人；二是白嘉轩在大瘟疫中，不仅没有遂着众人的愿为田小娥修庙，而且还建造了一座塔来镇压众人眼中所谓的田小娥的鬼魂，表现出足够的魄力和深刻的认识；三是在大饥荒中，为了保存全村人的性命，白嘉轩竟然向土匪借粮，实在是有胆有识。

这些关键事件的出现，帮助白嘉轩树立了过硬的个人形象，让白嘉轩在族人尤其在问题青年面前始终保有足够的威信。有人说，白嘉轩之所以有这么高的威信，是因为他的族长身份。不可否认，族长身份确实能给白嘉轩增添威信，但这不是起决定作用的——作为乡绅的鹿子霖，他的官位比白嘉轩大，但有多少族人会把他放在眼里？也就是说，族长身份可以给白嘉轩增添威信，但却不是白嘉轩威信高的主要原因。

这可以给我们带来什么启示呢？

一般来说，班主任具有身份优势，更有在学生面前树立威信的基础。

但不可否认的是，少数班主任在学生面前几乎没有任何威信可言，甚至连科任老师的威信都不如。这说明了什么？这说明身份并不是班主任树立威信的决定因素。

那么，什么才是班主任树立威信的决定因素呢？

班主任需要像白嘉轩那样通过创造关键事件来树立自己的威信。比如，在班级开展过生日活动，为每一位过生日的同学举办简单而又不失隆重的庆生仪式，让学生愿意亲近；班级出现了打架等恶劣事件，班主任要沉着、冷静地处理，让学生真正服气；班级参加某些活动时，班主任要精心备课，以便能通过科学高效的工作而让班级获奖，让学生心生敬佩……这些都是能帮助班主任树立威信的关键事件。

没有威信的班主任，会让很多学生不把他放在眼里，几乎是不可能教育转化问题学生的，即便班主任"很懂教育"；班主任之所以要像白嘉轩那样树立威信，就是因为较高的威信是让问题学生认真对待班主任言行的前提条件，这当然也是班主任成功教育转化问题学生的必要基础。

四、守住本分，做好族长该做的事情

族长分内的事情有哪些？

显然，保护族人当是族长分内的事情之一，而且是非常重要的事情。

白嘉轩是如何保护族人的呢？

石头在白鹿村算是一个二流子，赌博输光了所有的钱，以致全家人揭不开锅。白嘉轩在得知事情后给钱、给地，帮助他们家渡过难关；而石头，改不了赌博的坏毛病，白嘉轩禁赌，石头竟然在夜晚打白嘉轩闷棍；白嘉轩把石头的儿子和老婆找回家，对于石头给劫匪报信的事情，只字不提，还是照常那样教育他们、原谅他们、帮助他们……

事实上，石头就像典型的问题学生，而白嘉轩就像典型的优秀班主任——石头违纪事情不断，总是惹麻烦，白嘉轩总是做灭火、帮扶的工作；

白嘉轩时常给石头改过自新的机会，但石头时常不领情，甚至还会怨恨、殴打白嘉轩；白嘉轩一直在原谅石头，并且一直给予石头力所能及的帮助。

其实，白嘉轩之所以这么做，原因是非常简单的——石头是白鹿村族人，白嘉轩是白鹿村族长，族长理应保护族人，不管族人有多么烂泥扶不上墙，族长都必须保护、帮扶族人，这是族长分内的事情。当然，白嘉轩是一位优秀族长，相对来说会更尽职尽责。

换言之，解决问题学生造成的问题、原谅问题学生的错误、不断教育转化问题学生、在需要的时候及时帮助问题学生，这些都是班主任教育转化问题学生的分内之事——当然，这种要求比较高。但如果缺少了任何一项，班主任都是几乎不可能成功教育转化问题学生的。

五、心怀悲悯，为族人保留自新机会

黑娃在《白鹿原》中是极具象征性的人物。年幼时，他随着父亲在白家做长工，一直非常害怕白嘉轩；慢慢长大后，他对白嘉轩产生敬佩、畏惧、记恨等复杂情感；成年后，他毅然离开白家，到外地做长工；后来，因为情感、社会的变化，他被赶到破庙，还闹农协、参军、当土匪，并砸了祠堂，抢了白鹿原，打折了白嘉轩的腰……

事实上，白嘉轩始终对黑娃颇有照顾。在黑娃年幼时，白嘉轩让黑娃同白孝文一样，上学读书，还给黑娃起了一个学名——鹿兆谦；在黑娃打折自己的腰后，白嘉轩忍受剧痛，在黑娃父亲鹿三面前从未提起这事；在黑娃改良后，白嘉轩不仅允许黑娃进祠堂，还给黑娃披红挂彩；在白孝文想要枪毙黑娃时，白嘉轩更是找到白孝文为黑娃求情……

在对待黑娃的问题上，白嘉轩算是做到了仁至义尽。白嘉轩为什么会这样做？一是白嘉轩看着黑娃长大，自然有作为父辈人物的感情；二是白嘉轩对人性的深层理解，认为每一个人在心底都有向善的本能，对黑娃充满了同情和期望；三是作为族长，白嘉轩了解每一个人生存的不易，一直对族人怀有宽容心理，愿意给每一个族人以自新的机会。

班主任在教育转化问题学生时，同样需要这样的品质。

首先，学生进入到我们班级，就是我们的学生，不管他们有多么调皮，也不管他们有多么优秀，班主任对学生都要有那种疼爱的真实感情——真诚的师生情，既是班主任教育转化问题学生的重要基础，也是班主任和学生交往的心理需求。

其次，学生是成长中的人，班主任要始终保持对学生的成长希望。有经验的班主任都明白，不少在求学时令人生厌的学生，长大后都可能变得彬彬有礼。学生的成长需要时间，需要经历，需要契机。换言之，学生的成长可能发生在学校，也可能发生在校外；可能发生在明天，也可能发生在十年后。班主任，需要做的，一是要对学生的成长永远保持希望，二是不断优化教育策略和方法，直到学生离开班级的那一天。

最后，班主任要深入体会问题学生的不易，对问题学生怀有足够多的宽容。全国著名校长田宝宏博士曾说："分数低的学生是学校的弱势群体。"同理，不少问题学生也是学校的弱势群体，他们得到的信任、肯定、鼓励、喜爱相对较少，在学校一直处于不受欢迎的状态。班主任有必要了解问题学生的不易，对问题学生做到真正的宽容。事实上，问题学生是没有亲近班主任的勇气的，而一旦学生失去了亲近班主任的勇气，那么班主任还如何才能走近问题学生呢？从这个角度来说，班主任是不是更需要对问题学生热情一点呢?！

作为一位优秀的族长，白嘉轩是艰难的；作为一位优秀的班主任，我们也是艰难的。像白嘉轩那样教育问题学生，就是要在艰难的环境中，学习白嘉轩的智慧、见识、心胸、担当，同时深入感受白嘉轩的向善之心和奋斗的力量。在教育问题学生上，班主任如果能像白嘉轩那样，就会大有可为，而问题学生也会因此而受益终生。

5. "我" 很重要

班级人际交往是问题学生的关键交往，在归属感、心理调适、行为矫正、志趣培养等方面都能对问题学生产生深远影响。

纪律欠佳的学生，随时会扰乱课堂纪律、破坏集会秩序；比较厌学的学生，随时会缺交作业、在课堂打盹；躁狂抑郁的学生，随时会和同学起冲突……不管是什么类型的问题学生，都有可能成为或早已成为实实在在的"麻烦制造者"，以致给自己带来惩戒，给家长带来担忧，给老师带来难题，给同学带来干扰。

正因如此，在面对问题学生时，家长会失望，老师会提醒，同学会责怪，自己会厌烦……在一片持续且强烈的"否定"声音中，问题学生久而久之就会觉得自己被"嫌弃"，就会意识到自己"不仅不重要，而且还颇显多余"。

这种"不仅不重要，而且还颇显多余"的观念，对问题学生的成长来说，是毁灭性的——轻者，他们会自暴自弃，不再千辛万苦维持脆弱的成长可能，因为自己并不重要，于是他们会我行我素，不再顾及父母、老师、同学的感受；重者，他们会产生严重的扭曲心理，甚至会自残、自杀。从这个角度来说，父母、老师、同学都有必要让问题学生充分感受到自身的重要性，以免问题学生完全放弃成长可能，完全无视他人的感受，完全进入"更孤立，更无援，更危险"的生存环境。

那么，如何让问题学生充分感受到自身的重要性呢？

自我篇：老牛亦解韶光贵，不待扬鞭自奋蹄

诗人臧克家曾撰写一首名为《老黄牛》的绝句，全诗如下：块块荒田水和泥，深耕细作走东西；老牛亦解韶光贵，不待扬鞭自奋蹄。作者通过这首绝句塑造了"不辞辛苦、老当益壮、自强不息"的老黄牛形象。

此诗的最后两句，给了我非常大的触动：老牛非常清楚自己已到暮年，不需要别人鞭打催促就会奋力向前。问题学生，正需要这种担当、自主和韧劲，以主动破解自身遭遇的成长障碍；问题学生不能再抱怨，再推卸，再畏缩，否则障碍永远不可能被消除，到头来受害的还是自己。

为了让问题学生明白这个道理，我面向全班开展了《尊严不是别人给的》等主题班会课，通过对"在家庭或班级，你觉得自己受到尊重了吗""你觉得别人尊重或不尊重你的原因是什么""你做过哪些值得别人尊重的事情""你认为获得别人尊重的最根本原因是什么"等核心问题的探讨，让学生不断认识到"尊严是自己通过良好的日常言行不断积累的，并不是别人施舍的""问题的根源主要在个体，但可以通过主动、坚韧、负责任的行动来破解""没有永远消除不了的障碍，只有永远不行动的个体"等观点，以此引导问题学生"主动担责任，向内求改变"。

在此基础上，班主任要给问题学生提供做事平台，鼓励问题学生抓住一切做事的机会，用心做事，力争把事情做成，从而通过一件又一件出色的工作来改变自身的"麻烦制造者"形象，同时不断积累成长信心。事实上，每一个班级都有很多临时性事务，班主任要时常想到问题学生，积极为他们创造做事的平台，并善于鼓励他们勇于、勤于承担这些临时性事务。需要说明的是，大部分问题学生由于各种原因，并未承担某些固定的重要职务，而这些临时性事务正是问题学生发光发热的不错平台——机会

较多，容易把握；事情纯粹，利于成功。

对于问题学生的帮扶，我认为核心工作在于唤醒问题学生的自主成长意识，逐步培养问题学生的成长信心，慢慢提升问题学生的成长能力，让他们切实感到自身的重要性，正所谓"解铃还需系铃人"——问题学生自己不愿意成长，其他人很难真正帮上忙，"我们叫不醒装睡的人"。

家长篇：一夜娇啼缘底事，为嫌衣少缕金华

唐代诗人韦庄曾撰写名为《与小女》的诗："见人初解语呕哑，不肯归眠恋小车。一夜娇啼缘底事，为嫌衣少缕金华。"诗人通过对小女孩学话、贪玩、爱漂亮、喜欢哭闹等生活琐事的描写，塑造了小女孩天真可爱的形象，同时彰显了诗人爱女之情。

事实上，很多不喜欢幼儿的成人，如果遇到上述生活琐事，那么极可能感到非常厌烦，因为在成人看来，诸如"咿咿呀呀学说话""因为爱玩小车就不肯睡觉""因为衣服上少绣了朵金线花，就整个晚上哭闹不停"等幼儿言行实在是"无聊透顶，不可理喻"。

但是，作为父母，如果我们也觉得"无聊透顶，不可理喻"的话，那么就很难做到真诚接纳幼儿了，更谈不上能给予幼儿"有效陪伴""科学指导""悉心教育"了。作为父母，真正理解懂得幼儿，真诚接纳幼儿，是最基本的必修课，当然也是教育幼儿的基础。

其实，幼儿的每一个看似有问题的言行，都是对自身心理需求的反映——幼儿整个晚上哭闹不停，不就是想衣服上多绣几朵金线花吗?！比如，有些学生厌学，可能是因为缺乏学习兴趣、丧失学习信心、没有学习目标等。从这个角度来说，家长是更了解子女的人，更要透过表面的问题寻找子女真正的心理需求。也就是说，家长一方面要无条件接纳子女，另一方面要深入了解子女出现问题言行的原因，以便从根本上帮助子女跨越成长障碍。

作为班主任，及时向家长反馈学生在校表现是我们的义务，向家长客观分析学生产生问题的原因是我们的责任。在此，我们要尽量避免增添家长的焦虑情绪，本着"共同商讨，携手面对"的态度，与家长好好合作，绝不能为学生的成长再设置新的障碍。孩子虽然不是我们的，但学生是我们的，此时此刻我们需要一颗真正关爱学生的心，以让家长清清楚楚感受到"老师对子女的关爱，子女的成长对老师有多重要"。

当家长认为子女非常重要并让子女感受到其对家长的重要性时，他们的成长已经开始了。从这个角度来说，家长有必要找准机会向子女"表白"——比如，子女的出生，让家长拥有怎样不同的幸福；比如，子女的某一言行，让家长觉得子女有多么优秀；比如，子女小时候的某个故事，让家长一想起来就感觉快乐。再优秀的子女，可能都有让家长失望的时候；但无论如何，喜爱的表达总要有一些，否则真的会把子女"推出家门"。

老师篇：鹤发银丝映日月，丹心热血沃新花

这是一副对联，出处不详，主要赞扬老师坚守讲台、潜心育人的奉献精神。但是，有多少老师能达到"映日月，沃新花"的境界呢？从这个角度来说，这副对联着实抬高了教师群体的形象，事实上很多教师是不符合的。

当然，我们可以把这副对联作为一个目标，尤其是在帮扶问题学生方面。

在教育界，一个众所周知但都不会说破的事实是：绝大多数老师都喜欢教"好"学生，不愿意教"差"学生；教"好"学生省心，又容易出成绩；教"差"学生费心，又很难出成绩；但是，教"好"学生的老师，从来不承认教"好"学生省心，更不会说"好"学生的成绩和老师没有半点的关系；而教"差"学生的老师，会到处说自己已费尽心思或仁至义

尽，多半会暗示"学生无可救药"。

按道理讲，这也是人之常情，毕竟教"差"学生并不是简单的工作。然而，从这个普遍存在的现象来看，大多数教师更擅长做的是"锦上添花"的易事，而非"雪中送炭"的难事。正因如此，大多数教师都是极为普通的教师，也都拥有着不咸不淡、可有可无、缺乏挑战、完全可以被他人替代的"假教师"工作——做了一辈子教师，但做了一辈子"假"教师。

事实上，在每一届学生中，我们可以尝试选择一到两位令很多老师畏缩的所谓"差"生来研究研究、帮扶帮扶，堂堂正正做一回"真"教师，真真切切体验一回"鹤发银丝映日月，丹心热血沃新花"的感觉。在做这个决定的时候，我们需要的不是智慧，而是态度。

如是，问题学生就会成为我们的"宝贝"，当我们在内心真正这样想的时候，我们就一定会在日常的言行中自然流露出对问题学生的关爱，就能让问题学生感受到自身之于教师的重要性，就拥有了在学校向上生长的土壤。

我经常在主题班会课上向问题学生"表白"，说与他们的交往，让我拥有了哪些新的感悟，让我更会做教师了；我经常请问题学生帮我做一些工作，比如批改试卷、代买班级用品、在黑板上撰写临时通知等；我经常向问题学生征求建议，请他们帮我出出管理班级的金点子……之所以做这些，就是想让问题学生切实感到，他们对我特别重要。

同学篇：少日同窗侣，天涯一故人

"少日同窗侣，天涯一故人"出自钱钟书的《寄祝许大千七十》一诗。该诗主要表达了钱钟书与许大千（许振德）的同窗之谊。许大千是钱钟书在清华大学外国语文系的同学，是"清华三剑客"（钱钟书、许大千、常风）之一，在当时颇有名气。

其实，当初许大千和钱钟书的关系并不好，只不过后来发生了质变。据说，许大千在钱钟书入班之前，经常考第一，而钱钟书入班后就夺去了班上的第一名，这让许大千忌妒得只想"揍钱钟书一顿"出出气。

某一天，许大千偶遇一个自己不能解决的问题，而钱钟书耐心地给他讲解了，于是许大千很感激，两人由此慢慢地成了好朋友，上课常同时坐在最后一排。许大千越来越钦佩钱钟书的才学，在《水木清华四十年》一文中曾这样回忆："钟书兄，中英文俱佳，且博览群书……图书馆借书之多，恐无能与钟书兄相比者，课外用功之勤，恐亦乏其匹。"

对于与许大千的同窗之谊，钱钟书认为是"素交"——纯洁素朴，并无功利目的。对此，钱钟书有精彩论述："真正的友谊的形成，并非由于双方有意的拉拢，带些偶然，带些不知不觉。在意识层底下，不知何年何月潜伏着一个友谊的种子；咦！看它在心面透出了萌芽。在温暖固密，春夜一般的潜意识中，忽然偷偷地钻进了一个外人，哦！原来就是他！真正友谊的产物，只是一种渗透了你的身心的愉快。"

作为班主任，我经常和学生探讨"同窗"话题，当然也想给予学生一些富有建设性的交往意见。事实上，中学生，特别是高中生，都对"同窗"的概念有了丰富的体验，但对于到底如何维护同窗情谊，还缺乏具体的可操作性思路。基于此，我收集很多关于同窗情谊的真实故事，并借助主题班会课等形式和学生一起交流、讨论，一方面让学生认识到"同窗情谊是时空无法阻隔的永恒的情谊"的道理，另一方面让学生从具体的故事中学习到创造美好同窗情谊的策略和方法。

在这个过程中，我就会抛出一些现实问题让学生思考——

在班级交往中，哪些同学是最受欢迎的？

在班级交往中，不受欢迎的同学有什么特征？

在班级交往中，不受欢迎的同学可能有什么感受？

在班级交往中，不受欢迎的同学能主动做出哪些改变？

在班级交往中，其他同学面对不受欢迎的同学时怎样做更好？

通过对上述问题的讨论，我在不经意间引出了"优化问题学生人际交往环境"的话题，虽然没有明确提出问题学生，但是所有人都明白那些不受欢迎的学生多半是问题学生。这样做，有三个益处——一是引起问题学生对自身问题的反思，促使他们做出主动性改变；二是引起其他同学对问题学生的同情，号召他们真诚帮扶问题学生；三是引起全体学生对自身重要性的关注，促使每一位学生为优化班级人际关系做出贡献。

班级人际交往是问题学生的关键交往，在归属感、心理调适、行为矫正、志趣培养等方面都能对问题学生产生深远影响。而呵护同窗情谊就是优化问题学生的班级人际交往的重要途径。拥有了真诚的同窗情谊，问题学生就能直接感知到在班级存在的价值，从而为他们具体认识自身的重要性奠定基础。

《诗经·小雅·伐木》有云："嘤其鸣矣，求其友声。相彼鸟矣，犹求友声；矧伊人矣，不求友生。"其实，从鸟类到人类，追求"朋友"，都是自然需求。基于同伴影响的客观事实，班主任在帮扶问题学生时，有必要引导他们重视同窗情谊并学会培养同窗情谊，以从根本上解决问题学生孤立、对抗、迷茫等深层问题。

从每一个方面来看，人都是群体性生物，个人从内心深处来讲是希望生活在一个群体中的，因为确定的群体性生活才能让个体"感到安全"或"找到共鸣"。我认为，能让个体明显感受到被群体接纳的标志就是，个体能在群体中感受到自身的重要性——自己离不开群体，能从群体的生活感受到接纳、温暖、意义；群体也离不开个体，能从个体的存在感受到完整、和谐、价值。对于问题学生来说，道理亦是如此。问题学生若能在家庭群体、师生群体、同学群体中感受到自身的重要性，就具备了进一步成长的心理基础。

当然，更为重要的是，问题学生要能感受到自身的重要性，这种内在的重要性认同，才是问题学生内心安全和成长自信的源泉。为此，班主任有必要适时鼓励问题学生多多参与班级事务，不能长久让他们远离班级之外，更不能有意无意把他们描绘成"麻烦制造者"或"班级累赘"的形象。问题学生需要更多理解、接纳、鼓励和帮助。

第 三 章

构建策略，

探寻问题学生转化路径

1. 用系统思维的方式来思考

　　要把问题学生教育这个系统纳入班级建设的大系统中去考察。只有从班级建设的整体角度去考察问题学生教育这个子系统问题，才能从根本上有效解决问题。

　　问题学生是要素齐全的系统。从环境角度来说，问题学生生活在学校环境、家庭环境及社会环境中；从人际角度来说，问题学生涉及生生关系、师生关系、亲子关系等；从时间跨度来看，问题学生的成长包括幼儿期、儿童期、少年期、青春期等……问题学生并不是单一、线性、孤立的，而是一个由各种因素相互交织的系统。

　　正因如此，班主任在教育问题学生时，必须要有系统思维方式。

一、系统思维的概念

　　系统思维是把认识对象作为系统，从系统和要素、要素和要素、系统和环境的相互联系、相互作用中综合地考察认识对象的一种思维方法。

　　简单来说，系统思维就是对事情全面思考，不就事论事，而是把想要达到的结果、实现该结果的过程、过程优化以及对未来的影响等一系列问题作为一个整体系统进行研究，具有立体性、结构性、动态性、整体性等特点。

二、系统思维的策略

首先，坚持系统思维方式的立体性。

系统思维方式是一种开放型的立体思维。立体思维，是指主体在认识客体时要注意纵向层次和横向要素的有机耦合，时间和空间的辩证统一，在思维中把握研究对象的立体层次、立体结构和立体功能。

横向思维的优点是能跳出自己的小圈子，通过与其他事物的比较，来认识和度量自己，进而认识事物运动的特点和规律。纵向思维的长处是在历史的自我比较中，可以看到自己的优点和取得的成就。

比如，同样作为平行班级，某班纪律型问题学生相对来说比较多，其他班几乎没有，说明该班的纪律型问题学生值得关注，这是横向思维；但是，该班以前的纪律型问题学生很少，自从某一阶段开始，纪律型问题学生增多了，说明从该阶段开始该班系统内某些要素发生了变化，这是纵向思维。

其次，坚持系统思维方式的结构性。

系统思维方式的结构性，强调从系统的结构去认识系统的整体功能，并从中寻找系统最优结构，进而获得最佳系统功能。

坚持系统思维方式的结构性，就是要树立系统结构的观点，在具体实践活动中，紧紧抓住系统结构这一中间环节，去认识和把握具体实践活动中各种系统的要素和功能的关系，在要素不变的情况下，努力创造最优结构，实现系统最佳功能。

此外，在追求优化结构时，必须全力找出对整个系统起控制作用的中心要素，作为结构的支撑点，形成结构中心网络，在此基础上再考察中心要素与其他要素的联系，形成系统的优化结构。

比如，在教育学习低成就感问题学生时，班主任虽然并不具备最先进的专业水平，但却优化了各方的链接结构，能及时得到来自家长、同学和科任老师的反馈，从而有效帮助学生强化学习成功体验，不断积聚学习成就感。

再次，坚持系统思维方式的动态性。

任何系统都有自己的生成、发展和灭亡的过程，系统内部诸要素之间的联系及系统与外部环境之间的联系，随时间不断变化，始终处于动态的演化之中。

人们完全可以根据需要和价值取向，把握系统演化过程中的控制项，对系统进行有意识的控制。然而，控制项是多样的，又是可变的。这就要求人们不但要从多方面寻找解决问题的办法，找出最佳的控制项，而且还要随着系统的演化，不断地选择最佳控制项，把事物的发展放在多种可能、多种方向、多种方法和多种途径的选择上，而不要始终把希望寄托于某一种可能、方向、方法和途径上。

比如，网瘾型问题学生在教育转化的过程中会出现多次反复，在某阶段可能控制较好，其他阶段可能会强烈对抗，这是动态的。在帮助网瘾型问题学生时，起初可与网瘾型问题学生约法三章，共同制定使用网络的时间、地点、频率等要求；接下来，要着手将网瘾型问题学生的兴趣点及关注点慢慢转变到其他方面，正所谓"欲除杂草，先种庄稼"；当然，也可以顺应网瘾型问题学生的网瘾需求，将网瘾型问题学生不良的网络需求迁移到有价值的网络需求上来，这也是一种很不错的选择。

最后，坚持系统思维方式的整体性。

坚持系统思维方式的整体性，必须始终把研究对象放在系统中加以考察和把握——一是必须明确任何一个研究对象都是由若干要素构成的系统；二是必须把每一个具体的系统放在更大的系统之内来考察。

如解决问题学生教育问题，就要把问题学生教育问题作为一个由若干要素构成的系统来考察，不仅要考察问题学生的类型、问题学生的实际表现、问题学生的变化，还要考察问题学生教育制度。同时，还要把问题学生教育这个系统纳入班级建设的大系统中去考察。只有从班级建设的整体角度去考察问题学生教育这个子系统问题，才能从根本上有效解决问题。

坚持系统思维方式的整体性，必须把整体作为认识的出发点和归宿。就是说，在对整体情况充分理解和把握的基础上提出整体目标，然后构建满足和实现整体目标的条件，再商定能够创造这些条件的各种可供选择的方案，最后选择最优方案实现之。系统思维方式把整体作为出发点和归宿，通过对系统要素的分析这个中间环节，再回到系统综合的出发点。

三、系统思维的应用

下面以"艺术之星的凋零"这个案例为例，来浅谈系统思维在问题学生教育转化方面的具体应用思路。

1. 基本情况

男生 S，现就读于我校（寄宿制学校）高二年级，高大，帅气，表达能力强，会画画、弹钢琴、做播音主持等。高一刚入学时，就频繁出现迟到、睡觉、玩手机、不交作业等问题，班主任与家长多次沟通并共同教育，但效果欠佳。高一下学期，男生 S 因多次玩手机且态度不够端正，被给予记大过处分；不久，因在校园内出现男女生交往过密行为，被给予留校察看处分。

进入高二后，男生 S 要求家长到校申请走读，考虑到男生 S 的特殊性，学校允许其走读。走读后，男生 S 不参加每周的升旗仪式，不跑操，想来就来，想不来就不来。家长因工作问题，不能全程陪护男生 S 的走读。一段时间后，男生 S 的旷课次数触及学校管理红线……男生 S 已到被劝退的地步。

男生 S 曾多次看过心理医生，心理医生给出的结论是男生 S 的心理压力过大，建议男生 S 找到压力源，进行针对性减压。男生 S 的压力到底来源于哪里？

初中阶段，男生 S 就读名校，学习成绩相对较好，一直在画画、钢琴、播音主持方面坚持着。初三毕业阶段，一所高中到男生 S 所在初中招生时，发现了男生 S 的艺术天赋，许诺男生 S 只要报考该高中，就能进入该高中的 A 级培养体系，男生 S 对此非常向往。但是，男生 S 的妈妈觉得男生 S 的成绩远远高于这所高中的录取线，男生 S 去就读这所高中，太屈才了，于是强行决定男生 S 报考另一所寄宿制高中。

艺术之星为什么会凋零若此？经和家长全面沟通，我们看到了男生 S 的成长轨迹。

2. 学情分析

从立体性方面来看，男生 S 来到高中后，就出现前文所述一幕，与初中时的表现截然相反，这说明初中升高中的某一事件对男生 S 产生了重大影响，这是纵向思维方面；横向思维方面，男生 S 和参加 A 级培养体系的同学相比，觉得同学们都成长得很好，而自己却郁郁不得志，这加剧了男生 S 的问题行为。

从结构性方面来说，男生 S 之所以在初高中判若两人，最主要的原因是在初中升学时未能按照自己的意愿进入 A 级培养体系。这个 A 级培养体系，虽然只是招生老师给男生 S 的一项承诺，但男生 S 依然把这作为高中生活的全部支撑——进入 A 级培养体系，已成为男生 S 这个系统呈现最佳功能的最优结构，当然也是支撑起男生 S 呈现出理想表现的中心因素。而来到新高中后，学校并不能提供像男生 S 想象的那种 A 级培养体系，于是男生 S 陷入系统功能凋零的泥淖。

从动态性方面来看，男生 S 于目前所就读高中在纪律方面已到达崩溃性边缘，继续留下来改变的希望不大，因为这所高中并不能提供像他想象的那种 A 级培养体系，当然也不排除某些刺激事件可能会引起男生 S 的转变，但这种可能性很小。男生 S 的心病出现在 A 级培养体系上，因此 A 级培养体系是帮助男生 S 解决成长问题的最佳控制项，学校需建议男生 S 到能提供 A 级培养体系的学校就读，可借读或办转学。当然，时间已非初中升高中的时间，环境已非初中升高中的环境，男生 S 已非初中升高中的男生 S。总之，男生 S 即便转入想去的高中，也不见得能"浪子回头"，但具有较大可能性，值得一试。

从整体性方面来看，在初中升高中的节点上，男生 S 在自我系统中只面临升学问题，但现在还伴随有手机、情感、纪律等问题。从家庭环境来看，男生 S 的妈妈在男生 S 成长的过程中，一直扮演着控制性角色，导致男生 S 的逆反心理特别严重，时至今日男生 S 的妈妈已完全丧失了对男生 S 的控制，甚至都做不到基本的规劝。从学校及班级环境来看，男生 S 在目前所就读高中找不到存在的价值及意义，同时进入高中以来的不良表现增加了男生 S 的成长压力，使其很难再回到正常的成长轨道。总之，男生 S 很无助，环境支持较差。

3. 转化策略

总的来说，引起男生 S 发生改变的直接导火索是男生 S 未能顺利进入 A 级培养体系。从男生 S 及父母的反馈来看，男生 S 一直在纠结这件事情，放不下，理不清，回不到过去，也看不见未来。鉴于此，可尝试以下三种策略。

首先，如果能通过借读或转学的方式帮助男生 S 进入提供 A 级培养体系的学校学习，那么可以尝试，以使男生 S 的自身系统结构得到优化、为男生 S 找到维持可能改变的控制项，同时帮助男生 S 获得新的环境支持。男生 S 可能因此而朝着理想方向转变，当然也可能再次回到初中升高中的原点而不能自拔，这要看男生 S 对这段特殊经历的理解及体悟是否到位。

其次，如果男生 S 不能成功借读或转学，那么可通过家庭民主会议、关系亲近人员与之谈心、心理医生疏导等途径解开男生 S 的心结，主动寻找弥补未能参加 A 级培养体系的方法，重新开启过去想走的人生路，积极有为，而不是消极埋怨，更不能自暴自弃。这是想通过男生 S 发生认知转变的这个控制项，从内部优化系统结构，从根本上解决问题。但是，男生S留在原校是有巨大压力的，最好能换一所新学校，以求获得更多环境支持。

最后，如果男生S既不能借读、转学，也不愿留在原高中就读，那么可申请休学。休学的目的有三：一是让男生S暂时离开压力过大的学习环境，避免出现更多违纪行为，不进入勒令退学的险境；二是等待男生S在休学过程中能遇到引起他彻悟的某一关键事件，给予男生S充分的心理调整及认知转变的时间；三是让男生S进入下一个年级，即便不能完全脱离现在就读学校，但毕竟拥有重新开始的环境。这种策略是下策，备用。

当然，不管采用哪种策略，家庭作为男生S成长的最重要环境，家长必须对原有教育方式进行反思，并真诚地向男生S道歉，以取得男生S的理解及原谅，同时尽可能通过更民主的沟通方式，了解男生S最真实的想法（未能进入A级培养体系是否依然是导致问题的主要原因?），从而进行针对性解惑和帮助。家庭给男生S提供最有力的支持，是男生S发生转变的关键。需要说明的是，家长要摆正做家长的态度，不要由控制的极端滑入到放纵的极端，这火候只能由家长准确把握。

本文是以系统思维来解决问题学生教育的探讨，实际上系统思维以系统论为基础，是非常高级的思维模式，适合于班级建设的方方面面，值得我们在理论上研究，在实践上探索。真正掌握系统思维后，我们就可以更轻松地看到问题的本质、更有效率地完成手上的工作、也更容易思考清楚各种看似棘手的问题，因为教育本身就是特别复杂的系统。

2. 问题学生类型与转化策略

在教育转化问题学生时，我们需要全面了解，需要深入沟通，需要深思熟虑，需要从容理智应对，而不是硬撑，不是厌恶，也不是放弃。

不少班主任都在感叹：学生越来越难管啊。

这些班主任为何会产生如此悲观的感叹呢？我以为，主要原因在于对问题学生概念及其处理策略的泛化——将太多学生看作问题学生；将太多问题看作态度问题；将解决问题的方法过多寄希望于管理……

要如何来辨识学生的问题呢？我们先来看三个案例。

案例1：

阳光主持人心头的乌云

在我校艺术节综合汇演的舞台上，主持人小蕾身材高挑，长相姣好，满面笑容，幽默风趣，侃侃而谈。然而，就是这位阳光明媚的主持人，一直以来出现了很多让人心惊胆战的行为。

有一天，小蕾躲在厕所里，号啕大哭起来。为什么呢？小蕾告诉妈妈，原来她觉得周围的同学都在议论她，有的甚至还恶毒地咒骂她，她只能用这种方式来发泄不良情绪。

就是这位小蕾，之前还曾跑上教学楼的五楼，声言要跳楼。她还割过腕，事后对老师说"那个割腕的瞬间，觉得特别轻松"。对于小蕾，班主任总提心吊胆的，每天都会特别注意她，一有风吹草动就十分紧张。

案例 2：

她为何时常丢化妆品

小青是某文科班女生，从日常行为来看，她最大的问题就是特别爱化妆。班主任为此事和她及其父亲沟通过多次，但是小青死活不愿意不化妆，甚至以"不让化妆就退学"来威胁父亲。无奈之下，班主任只好对这位女生的化妆行为睁一只眼闭一只眼，看到了就蜻蜓点水地说一下，并没有完全按照校规校纪来有板有眼地处理。

但是班主任的宽容并未换来小青的理解。她曾当面对班主任说，他有意针对她，故意用化妆的事来找茬。为此，班主任进行了解释，言明不仅没有针对她，反而对她还很宽松。即便如此，小青并没有消除对班主任的误解。

但更棘手的问题还在后面。

小青因为喜欢化妆，所以带了很多化妆品来学校。奇怪的是，她三天两头就会丢化妆品。小青把问题反馈到生活老师和班主任处，生活老师和班主任想携手解决这个问题。因为宿舍没有摄像头，再加上小青也不能确定丢化妆品的时间、地点，一时半会也查不出个眉目。后来，班主任在与小青同宿舍的部分学生谈话时，动之以情，晓之以理，并委婉说明"可能会报警""不要因小失大""给自己一次机会"等语。不曾想，第二天小青的化妆品竟然"回来了"。这时候班主任才知道，舍友并不喜欢小青，因为她经常扬言要把谁谁怎么样，特别跋扈。

然而，事情并没有结束，一段时间后，小青的化妆品又开始隔三岔五地丢失。小青不反省自己，只一味埋怨班主任，并多次和一个外班的女生来找班主任理论，形成恶性循环。

上课了，他仍然出现在教室外

小志是高二某理科班男生，他很有"名气"，之所以这么有名气，是因为经常在上课后出现在教室外——早读铃声响起时，他一般是整个楼层最后一个慢腾腾地爬上楼走进教室的，晚到的时间也不多，大约一两分钟；课间上课铃声响起时，他总会走出教室来打开水，问他为什么，他说刚刚忘了；晚修铃声响起时，他总会出现在楼道里，问他为什么，他说要去丢垃圾……

为此，班主任找他谈了很多次，但就是没有改变。

事实上，小志热爱体育，篮球打得特别好，他的性格看上去特别阳光。班主任一和他说问题，他就立刻说"知道了"，并保证"要改变"。但是过后总是会回到"说是说，做是做"的原轨道上去。

对于这三个案例，我们怎么分析呢？

第一个案例中的小蕾，我们知道她特别敏感、悲观，甚至厌世，以此就可基本判断她患有比较明显的心理疾病。后来，经过医生的专业鉴定，小蕾确实患有比较严重的抑郁症，需要吃药，需要长期治疗。也就是说，如果把小蕾归入问题学生的话，那么小蕾应该属于心理成长受阻型学生。

第二个案例中，表面看来，小青特别爱化妆，而她的化妆品经常丢失，这好像是一连串的校园偷窃事件。然而事情真相或许并非如此。一般情况下，偷窃钱财、贵重礼物或稀奇物品的事件比较多，但偷窃别人用过的化妆品的事情是非常少的，因为这牵涉到个人喜好、卫生、隐私等问题；再则，即便是真偷了，也不方便用，因为别人一闻、一看全都知道了。那么，同学为什么还会偷小青的化妆品呢？深入分析后，我们会发现，小青具有非常张扬的性格，同时显得特别自我，几乎不能设身处地地为他人考虑。也就是说，小青拥有非常糟糕的人际关系，这导致有同学特别厌烦她，于是通过偷她的最爱——化妆品的方式来发泄内心的不满。这不是真正的偷窃，仅仅是通过偷窃来发泄对小青的不满。

对于第三个案例，从材料来看，小志在其他方面都相当正常，问题表现在经常迟到、在上课后走出教室、把班主任的话当成耳边风等方面。事实上，他已经是高二学生，完全能正确认识到迟到等问题的错误，同时也完全可以通过稍微的努力或自律而改正。那么，小志为什么没有改正呢？因为小志一直待在自己的舒适区，没有感受到必须改正的必要，所以就一直没有任何改变。客观地说，小志的行为虽然令人生厌，但是其问题是非常简单的，基本上算是行为习惯问题。

对于上述三类问题，我们如何更好地处理呢？

先来看第三个案例。如前所述，小志的行为完全可以称得上"明知故犯"。对于这类学生，我们的处理原则就是按规矩办事。这类学生一般都是油腔滑调的，我们不需要和他们说太多，只要简单说明处理此类问题的程序及相应结果就可以了，什么时候写反思，什么时候请家长，什么时候给处分，告诉他们及其家长，然后严格按照程序来，到哪一步就采用哪一步的措施。当然，在某些时刻，我们可以宽松一次，给学生一次机会，但这样的机会绝对不能太多，否则我们的处理就会前功尽弃。同时，在处理的过程中，我们要表现出足够的平静和理智，不要对学生恶语连连，只需要按照程序有板有眼地处理即可，不要因为处理问题而产生新的师生矛盾，要把自己的苦衷和风细雨地表达出来。

对于第一个案例，当我们明显感受到小蕾有严重的心理问题时，我们最需要做的，也是最应该做的，就是向学校心理医生全面说明学生的情况，并请求支援。一般情况下，学校处理此类问题都有比较明确的程序，比如学生处领导、心理老师、班主任等共同约谈家长，根据孩子的心理问题严重程度，给予家长合理的建议——是校内心理医生解决，还是请专门的心理医生帮助。这是对学生负责任的做法，班主任不可把此类事情扛在一个人的肩上，即便班主任具有比较深厚的心理学知识，因为多数心理问题有其突发性及不可预测性等特点，及早介入及全面诊疗是比较保险的做法。

对于第二个案例，当我们了解到小青丢失化妆品的真正原因是小青糟糕的人际关系后，就可以与小青做一次坦诚的沟通：一方面，班主任要表明，自己会将小青丢失物品的事情上报学生处，同时会联合有关人员彻查此事，这是班主任必须表明的态度，也是小青希望看到的态度，至于最终能否查到那是另外一层事情；另一方面，班主任要引导小青思考自己为什么会连续丢失化妆品，把别人偷窃化妆品但又不能使用化妆品的怪异告知小青，让她认识到"偷窃是为了发泄不满"的道理，触及问题的根源，从而让她意识到自己的人际交往问题。在此基础上，我们可以和小青聊一聊人际交往的现状，并适时给予她一些合理的建议。此时，班主任还可以用小青对班主任的误解作为分析对象，以让小青在活生生的事实中看到自己的人际交往问题，并获得如何合理改善人际关系的智慧。

由以上分析，我们可以得到哪些结论呢？

首先，我们要分析问题背后的原因。

在案例2中，小青的问题已经不是什么偷窃问题了。也就是说，在遇到类似问题时，我们要敏锐地发现问题背后的原因，不要被表面现象所蒙蔽。这个案例中，班主任已经按偷窃问题的思路处理了一遍，但结果是"过一段时间后，小青的化妆品又开始隔三岔五地丢失了"。这说明，小青自身的人际交往问题不改变，那么偷窃问题就没有被从根源上解决。同样的道理，在案例 1 中，小蕾患上抑郁症的原因，也是我们必须要探讨的，因为只有了解了这些，才能彻底消除小蕾心头的乌云。

其次，我们要了解问题学生的类型。

不同的问题，需要不同的处理方法，正所谓"因材施教，对症下药"。我们在面对问题学生时，有必要及早确定问题学生的类型，这样我们才能制定有针对性的处理方法。比如，案例 1 中的小蕾也会在上课后走出教室，但是她的情况与案例 3 中的小志是完全不一样的。对于小蕾走出教室的行为，我们实在没有必要让她写什么反思、说明或检讨，因为我们不需要按照一般的违纪行为来处理。而案例 3 中的小志的行为，就是比较典型的违纪行为，我们非常有必要按照程序来处理，以逐渐让小志警醒。

最后，我们要善于借助外力。

多数情况下，一些班主任容易表现出两类倾向——一是发现问题后，喜欢自己一个人扛着，因为家丑不可外扬或其他原因；二是一旦处理不了，就会怨天尤人，说自己尽力了，说家长不配合，说学生不可救药。实际上，每一个问题的产生都有多方面的原因，这本身就说明问题需要从多个方面来解决。此外，每一个人的能力是非常有限的，我们需要他人的帮助。以案例 2 中的小青为例，如果班主任连说都说不过小青，那么班主任又何谈引导小青客观认识自身的人际交往问题呢？此刻，班主任就可以请科任老师中比较有威望的同事来帮忙，当然也可以向年级长、学生处主任等领导求助。我们要善于借助外力，因为我们教育学生是为了学生的成长，不是为了自己的面子，更不是为了证明家长不给力或者学生太差劲。

总之，在教育转化问题学生时，我们需要全面了解，需要深入沟通，需要深思熟虑，需要从容理智应对，而不是硬撑，不是厌恶，也不是放弃。同时，我们确实非常有必要辨识学生的问题类型，并根据学生的问题类型来确定最适合的解决策略，以方便我们给予学生更及时、更科学的帮助。只有这样，我们对问题学生的教育转化才能收到事半功倍的效果。

3. 良好的师生关系是问题转化的基础

> 每剥夺问题学生的一项权利，师生关系就会更紧张一分；每尊重问题学生的一项权利，师生关系就会改善一分。

在我读初中时，曾有一位同学不爱学习，常常无缘无故迟到，往往还会因为打篮球而逃课。坐在教室的他，学习的时间少，讲话、打盹的时间多。

即使现在，这样的学生也很容易激起人的不良情绪。我的初中班主任就没有控制好脾气，一气之下有时就会揍这位同学。这位同学虽然不敢当面顶撞班主任，却在私下里干了一些极其危险的事情，比如晚上放学后朝班主任的院子里扔砖头！

这是我第一次感受到师生关系可以如此紧张。当时我虽然感受到了师生关系的紧张，但是并未能客观分析出其中的原因，更不能上升到问题学生教育转化的高度来审视这件事情。

参加工作后，我也曾遭遇这样的极度紧张的师生关系。

那是我刚接手的一个高一班级，一位又高又胖的男生 Z 引起了我的注意，因为他的头发又卷又黄。出于班主任的职业敏感性及常规工作需求，仪容仪表问题成了我和男生 Z 沟通的桥梁。当然，刚开学那阶段，我并未对男生 Z 有什么成见，依然安排他参与很多班级活动，同时也对他寄予很高期待。我希望通过这种互相尊重的形式，促使男生 Z 自觉改变。

然而，这种委婉缓和的方式因量化评比而中断。

学校特别重视量化评比，每周要用量化评比分数评定星级班级，每月要用量化评比分数评定红旗班级。更令人惊恐的是，学校每周都会在全校师生的升旗仪式上通报评定结果。我所带班级连续十周连个星级班级都没有获得一次，这让我觉得很有压力！于是，我对量化评比的态度由理性慢慢转变为急躁。

而男生 Z 呢，在每天的仪表检查中，他会因为黄头发而被扣分；在每天的广播操中，他会因没有在跳跃运动中跳起来而被扣分；在每天的内务方面，他会因为没有叠被子、没有扔垃圾或者没有将洗漱用品放到指定位置而被扣分……总之，男生 Z 几乎每天都会被扣分，成了名副其实的"扣分大王"！

起初，我都是非常平和地与男生 Z 交流这些事情的，希望他能有所改观。后来，我觉得做这些事情根本没有什么难度，所以就很难再平和地与他谈话———一旦他被扣分，我会瞬间被点燃，立刻对他来一顿带有侮辱性语言的怒吼，偶尔还会动手指朝着他的脸庞点来点去……

我和他的关系越来越紧张——他见到我时，再也不会打招呼，甚至还在背后辱骂我。而我呢，一见到他就觉得头痛心烦，满满的厌恶之情，根本没有心思再去了解他的成长经历和生活感受，更谈不上给他提供什么针对性的帮助了。

这件事情已经过去很多年了，但给我留下了许多有关教育问题学生的深刻思考，其中之一就是"良好的师生关系是教育转化问题学生的基础"。没有良好的师生关系做基础，问题学生对于老师来说只意味着无穷无尽让人痛苦不堪的问题，而老师对于问题学生来说只剩下接连不断令人心烦意乱的纠缠……如此一来，班主任和问题学生就极容易陷入严重对立的师生关系中，正如我初中的班主任和初中那位同学。

这种严重对立状态会带来什么恶果呢？人和人一旦对立起来，就很难再设身处地为对方着想，就很难再倾听彼此的想法，就很难再采纳彼此的建议，更谈不上从彼此身上汲取成长的营养了。成人尚且这样，更何况是学生呢！如此，班主任面对学生时已完全不可能开展教育工作了，而学生面对班主任时只有抵触、怨恨和对抗了。

那么，到底是什么因素让班主任和问题学生走向对立的呢？

从班主任角度来看，他们为学生付出了大量时间和精力，但学生的行为表现已经超出了他们的心理承受和能力解决的范围，班主任已经对学生无计可施了，当然也不愿意再付出了，因为自己是实实在在的受害者。从学生的角度来看，班主任为了一些在他们看来无足轻重或鸡毛蒜皮的事情就"教育"他们，同时宣泄大量不良情绪，实在是小题大做，甚至是没事找事，学生把导致师生关系紧张的原因全部推给了班主任，而倾向于把自己放在受害者的位置上。把自己看成是无辜的受害者，把对方看成是有意的迫害者，彼此之间的关系当然是对立的了！

那么，如何破解班主任和问题学生之间的对立关系呢？

客观地说，绝大多数班主任和学生都是普通人，没有海纳百川的超大心胸，没有出类拔萃的能力，没有一览众山小的超远见识。我们没有理由苛求班主任必须成为最优秀的班主任，也没有理由企求学生都是能适时大彻大悟的学生。因此，从这个角度来说，完美破解班主任和问题学生之间的对立关系，几乎是不可能的。

当然，这么说并不代表班主任和问题学生之间的对立关系就无法破解了，而是明晰班主任和问题学生之间的对立关系几乎是天然存在的客观事实。问题学生一旦违反了校规校纪，或者触及班级管理的安全底线，那么班主任出于管理班级及执行学校制度的需求，就可能会要求学生写说明，就可能会联系家长到校谈话，就可能会带着学生到德育主管部门接受处分……这所有的一切都离不开班主任，班主任受苦受累受屈不说，还有可能被学生误认为是"帮凶"。在心底，班主任是谈不上喜欢这类学生的，学生当然也谈不上感激班主任。

从这个角度来说，班主任要想和问题学生保持良好关系，是非常困难的。以下几种措施，可能会帮助班主任在一定程度上改善与问题学生之间的关系。

首先，班主任要坚守教师身份，始终保留让教育发生的可能。

如前文所说，班主任也是普通人，有缺陷，有底线，有脾气。"问题学生虐我千百遍，我待问题学生如初恋"的美好场景一般只会发生在梦中。问题学生屡屡出现的问题行为，不仅会让班主任烦不胜烦，而且还会让班主任心有余悸，这实在不是普通人可以长期承受的。

我想说的是，即便如此，班主任依然要紧握改善与问题学生之间关系的主动权，因为班主任一旦放弃这种主动权，至少会带来两个更加极端的后果：一是问题学生会对我们恨之入骨，二是我们对问题学生的教育永远不可能出现效果。对于一位老师来说，这两点都是让人极度沮丧的——我虽然没有足够的智慧教育学生，但我绝对不轻易让学生对我恨之入骨，否则我的职业生涯岂不是太凄苦了。我虽然现在不能教育好你，但我绝对不堵塞教育好你的每一条路，为自己也为学生留下一丝光亮，而不是主动为自己为学生埋下一颗炸弹。

此外，我想说明的是，学生忘记自己的学生身份是可以的。但是，如果还要谈教育，班主任就必须立足于教师身份开展工作。因为班主任一旦放弃了教师身份，处理问题的视角就会完全从教育角度转移到情绪发泄及利益权衡上来，此刻班主任几乎不可能再去研究问题学生，更不可能让教育发生。

其次，班主任不在问题学生面前做不良情绪的宣泄者。

俗话说得好："良言一句三冬暖，恶语伤人六月寒。"人一旦有了不良情绪，往往就会口不择言，有时会专挑一些直指对方缺陷、践踏对方尊严、让对方当众出丑等具有杀伤力的话来说。班主任假若为了逞一时口快，就会直接葬送了维护良好师生关系的可能性，实在是得不偿失。因此，在面对问题学生时，班主任首先要做的就是管住自己的嘴巴。实在太气愤了，就跑到一边吼两嗓子，千万不可恶语相向。

回想一下，我当年就对男生 Z 说过类似"你还有一点羞耻感吗""你看你是不是已经完全无药可救了""你怎么这么自私自利呢"等等恶语。现在想来，这哪是一位老师应该说的话？作为老师，我实在是太过分了。换成是我，我也受不了这些话，也可能当面顶撞老师，也可能在背后辱骂老师，打死我也不愿意接受这样的老师的教育。

班主任面对问题学生时，有事说事，就事论事，心平气和且客观公正地说事情，不要有太多关于人品的主观性评价，也不要由一件事情扯起一大堆陈谷子烂芝麻的事情。

再次，班主任可找寻与问题学生优化沟通的催化剂。

经验表明，绝大多数人都有自己的关注点和兴趣点。比如，张飞好酒，徽宗好字。我们只要细心观察或全面访谈，就能找出问题学生的关注点和兴趣点。班主任为什么要找寻问题学生的关注点和兴趣点呢？

如前文所述，班主任和问题学生沟通的"桥梁"多半都是各种让人心烦意乱的问题。沟通这些问题，即便班主任非常克制，做到有礼有节，但也几乎不可能通过沟通问题而让师生关系愈加亲密。在这种不利情况下，班主任需要找一些调和剂，换一种师生沟通的"口味"，以便用于改善与问题学生之间的关系。

我曾有个学生从不和他人交流，每天都是独来独往。我找他聊天时，他总是低着头，偶尔看看我，几乎不言不语。在处理违纪问题时，他也是静静地看着我，不说"是"，也不说"不是"。后来，经过专业医生检查，这位学生患了"沟通障碍症"——和他人沟通有困难，但在生活和学习方面可以自理。怎么办？与其父母沟通，得知这位学生特别擅长电脑技术。

于是，每当需要做课件动画、分析成绩或者编辑班报等的时候，我总会第一时间喊他出来帮助我。他在帮我做事的时候，虽然依旧不多说话，但和我反复沟通制作要求及我的时不时的夸赞，他的表情会显得更加喜悦。不得不说，这种沟通，让我和他的关系变得温和柔软很多。

最后，班主任需要给予问题学生平等公正的关爱。

一般来说，问题学生是不太招人喜欢的，这一点不用回避。此时，我们需要注意什么呢？我们更需要全面看待问题学生，不要用问题遮盖整体，要一码归一码，不要因为问题而剥夺他们的其他权利，尤其是获得平等公正的关爱的权利。

我曾带过这样一位男生，他经常因打篮球而迟到。某一天，他再次一手抱着篮球，一手拿着泡面，左肩挎着书包，右肩搭着衣服，大汗淋漓、急急匆匆地踩着铃声跑进教室。面对此情景，我们该怎么办呢？没收泡面？罚站一节课？劈头盖脸数落一顿？非也！因打篮球没时间吃饭，那就先去吃泡面吧，吃饭是比处理问题更重要的事情，班主任需要让学生先去吃饭；衣服上都能拧出水来了，这要是坐在空调房里，还不感冒啊，赶紧让学生到卫生间里换下衣服；等吃好穿好后，我们再来谈谈迟到问题……

问题学生虽然有问题，但其仍然是学生，是学生就要享受学生应该享有的权利，我们不能因为问题学生有问题就剥夺问题学生的其他合法权利，更不能以剥夺问题学生的其他合法权利为犯错代价。事实上，每剥夺问题学生的一项权利，师生关系就会更紧张一分；每尊重问题学生的一项权利，师生关系就会改善一分。这是教育问题学生，也是给问题学生呈现做人的示范。格局更大，影响力也更深远。

问题学生教育是班级建设的重要内容，而良好的师生关系又是教育问题学生的基础。在教育问题学生的过程中，改善与问题学生之间的关系应成为主题曲。

4. 那些成长顺利学生的特质

"成长顺利"型学生所具有的特质，是帮助"成长顺利"型学生健康成长的阳光雨露，也是破解"成长受阻"型学生艰难成长问题的源头活水。

在成长过程中，青少年学生因为个体、家庭、同伴等因素的综合影响，会在品行、习惯、心理等方面遭遇一系列成长问题——能及时解决问题的学生则会健康成长，受困于问题的学生则会受到成长阻碍，以致表现出与教育目标相悖的观念及言行，偏离了期望的成长轨道。

这些在成长过程中因遭遇不良因素、偏离期望成长轨道并受到成长阻碍的学生，我们可以称之为问题学生。他们是不良成长因素的受害者，在主观上同样有迫切的正向成长需求，却被某些不良因素压迫得透不过气来。

在教育问题学生时，我们同样需要基于学生的现状，面向学生的未来，用发展视角筹划问题学生的教育方案，为学生的后续成长设计可行的道路，用"引导发展"的思维来丰富只"解决问题"的单一教育模式，在帮助学生发展的过程中"顺带着"把当下的问题解决了。

然而，这些问题学生到底要朝哪个方向发展呢？

我们与其冥思苦想，不如换种思路——看看那些成长顺利的学生，他们具有哪些特质，这些特质不正是问题学生需要慢慢养成的吗？基于此，我们可以分析那些"成长顺利"型学生的特质，理清问题学生在未来发展中可能需要的特质，并通过一些相关活动来培养问题学生的这些特质。下面，以我所带七（6）班典型学生为例，来阐述"成长顺利"型学生的特质及对我们如何引导问题学生成长的启示。

案例1：

那位响亮与老师打招呼的女生

小童（化名，下同）是一位女生，每次一看见老师，就会立刻大声喊"老师好"！那种干脆、直接、响亮的声音，让人觉得师生关系特别和谐。小童是一位阳光满身的女生，让人无论如何都不会想到她会和抑郁、自卑、轻生等问题联系在一起。

小睿是一名男生，每次一看见老师，就会立刻低下头，然后用非常微弱的声音说"老师好"！另外，在参加学校篮球赛的首场比赛中，小睿没有得到上场机会，于是就告诉父母："篮球队长对他有成见，所以不让他上场。"其实，小睿的篮球技术并不特别出色，小睿最多只能算替补队员。

由小童和小睿的情况来看，那些外向、阳光、勇敢的学生，在遇到老师时一般都会主动大声问好，那些内向、敏感、畏缩的学生，在遇到老师时一般都会选择逃避或小声问好。无数事实证明，前者更容易理性认识困难，后者更容易无限放大困难；前者更容易积极乐观，后者更容易消极悲观；前者更容易选择接受挑战，后者更容易选择放弃。

其实，当一个人能够肌肉放松、铿锵有力、抑扬顿挫、情感饱满地讲话、诵读或演讲时，就能把自己的勇气、力量、感情、认识等全面呈现出来，逐步变得更加外向、阳光、勇敢。有鉴于此，对于那些内向、敏感、畏缩的学生，班级可多创设朗诵、演讲、竞聘、表演的平台，让上述学生有更多"大声说话"的机会。

有一位女生小希，在英语学习方面特别没有自信，有时甚至会觉得英语老师非常看不起自己。本学期，小希迎来了一位新英语老师。新老师有个习惯，要求学生每晚通过录制朗诵视频的方式进行打卡，并会选择优秀的朗诵视频在班级播放、展示。对于这个学习要求，小希刚开始是排斥的。

但为了及时完成作业，小希还是硬着头皮去录制朗诵视频。此时的小希，明确要求父母把手机对着课本或墙壁，非常不愿意自己出现在视频里。小希父母没有强迫小希，只是希望小希能够慢慢坚持下来。

在批阅小希的第一份朗诵视频时，新老师煞费苦心地"找了三四条亮点"，并告诉小希"如果声音再大一点，那么就更完美了"。全家人都因为这些"亮点"兴奋不已，小希更是反复观看了自己的朗诵视频。在录制第二份朗诵视频时，小希父母依然没有要求小希出现在镜头里，只是按照老师的建议，提醒小希要"大声点"。

不出意外，小希的第二份朗诵视频，依然得到新老师的饱满鼓励。就这样，小希朗诵时的声音越来越大了。某一天，新老师突然对小希说，小希朗诵得这么好，如果能让听者看到小希的表情，那么就能产生更立体、更丰富的感受。

小希父母小心翼翼地和小希商量录制视频的位置、背景、光线。小希不说话，但默默地准备着。小希父母和小希反复录制了好几遍，并让小希挑选最满意的一个朗诵视频发给老师。新老师照例"狠狠地"表扬了小希，小希当然备受鼓舞。一学期过去了，小希现在已经非常享受录制朗诵视频的活动了，不仅对英语学习充满信心，而且还非常喜欢英语老师。

案例2：

大汗淋漓后，我就不再纠结

小桐是一位男生，非常喜欢打篮球。在篮球场上，他勤于跑动，擅于跑位，是班级篮球队的主力之一。小桐经常挂在嘴边的一句话是，每一次大汗淋漓后，我就不会纠结那些令人厌烦的事情了。事实上，小桐是一位正能量爆满的学生，从未听他抱怨过什么。

小颖和小桐同处一个班级，但和小桐截然相反的是，小颖经常抱怨——抱怨父母，抱怨老师，抱怨班干，抱怨作业等。小颖和小桐还有一个很大的不同点就是，小桐特别喜欢打篮球，而小颖特别不喜欢运动，就算在做广播操时都懒得把胳膊伸直。

关于运动，到底有哪些益处呢？

在生理方面，运动具有增强体质，改善神经系统等系统的功能，促进骨骼和肌肉生长，增强心肺功能，提高免疫力等巨大作用。在心理方面，运动可以陶冶情操，保持健康心态，提高自信心，培养团结、协作及集体主义精神，消除学习、生活压力，提升睡眠质量，调适紧张情绪，改善生理和心理机能状态等。

研究表明，运动是一种很好的"神经安定剂"，不仅有利于消除忧郁等不良情绪，而且还能一定程度改善某些性格缺陷。不同的运动项目对不同类型性格缺陷的功效也不同，班主任如能根据学生的需求帮助学生"对症"选择运动方式，必将有助于学生的身心健康。

比如，孤僻内向者，适合常参加集体性运动，如足球、篮球、拔河等，因为这类运动可以增加人与人之间的合作与交流，有助于克服孤独、不合群等心理缺陷；懦弱胆小者，最好多参加游泳、溜冰、单双杠等运动，因为这些运动需要战胜困难、越过障碍，有助于培养勇敢、无畏的精神；优柔寡断者，适宜经常参加乒乓球、羽毛球、拳击等运动，因为这些运动需要在瞬间做出判断，有助于培养敏锐、果断的性格；急躁易怒者，一般可选择下棋、打太极拳、长距离步行等缓慢且又需要耐心的运动，因为这类运动可以培养一种延迟满足的心理，有助于改善急躁性格，让人更加理智平和；缺乏信心者，可以选择跳绳、俯卧撑、广播操、跑步等一些相对简单的体育项目，因为这类运动不需要太高的技巧，有助于参与者高效完成任务，从而不断积攒对自我的积极认识。

从以上角度来说，对于可能存在类似成长问题的学生，我们可以根据实际情况，为学生选择一些适宜的运动项目。同时，班级要大力形成强化运动的氛围，创造机会让更多学生参与到运动中来，全面倡导每一位学生都要慢慢养成一种运动爱好。对此，我建议将班级"学校化"或"社会化"——班级虽然小，但同样可以"五脏俱全"，充分发动学生组建各种各样的运动团队；对于暂时找不到喜爱运动的同学，我们不妨根据"教育需要"把他们安排到相应类别的运动团队中去。

对于个别极不愿参与运动而又特别需要某种运动培养的学生，班主任要"利用职务之便"，及时、热情、真诚邀请这些学生和自己一块参与某项运动，并在运动过程中帮助学生及时发现运动的积极体验，同时鼓励学生坚持运动下去。

案例3：

擦干眼泪，微笑着做下去

小欣是某班的班长，曾多次因为同学的不配合而流泪。但每次流泪后，小欣从未提过要辞职，而是"找问题，想办法"，继续坚定地承担起班长工作。小欣在工作中表现出的这种永不放弃的韧劲和舍我其谁的责任感，让人肃然起敬。很多老师表示，如果能把自己的女儿培养得像小欣一样，那就是巨大成功了。

小惠是某班的副班长，常常因为工作不顺而显得闷闷不乐，曾多次向班主任提出辞去副班长职务的想法。在班干部学期评议活动中，小惠的支持率竟然倒数第一！其实，小惠的能力是有的，但是她一遇到问题就容易"撂挑子"，不能尽职尽责地履行职务，或者不愿意承担更大责任，所以并未能在班级管理工作中彰显出她的个人价值，以致让同学们"怀疑她的能力"。

在长期的带班过程中，我们不难发现，有一些学生德才兼备，但就是很难做成一些事情。究其原因，这些学生少了一些永不放弃的韧劲和舍我其谁的责任感——缺失永不放弃的韧劲，就特别容易被眼前的挫折打败，很容易变得消极，做不到百折不挠；缺失舍我其谁的责任感，就不会树立必须解决问题的决心，很容易放弃，谈不上在经验和教训中成长。从这个角度来说，永不放弃的韧劲和舍我其谁的责任感是学生能否"成事"的核心品质。

为了培养学生永不放弃的韧劲和舍我其谁的责任感，我在班级采取"承包制"——将班级所需要的工作分类后，鼓励班干部勇于接受挑战，让班干部根据自身情况进行选择；如果是临时性工作，那么承包班干部要从工作开始到工作结束全程负责；如果是常规性工作，那么承包班干部的负责时间至少为一学期；当然，班级需要为学生成立足够强大的智囊团，以帮助承包班干部及时破解工作难题，从而形成良性循环。

小美是一位女生，因为脸上长满了暗红的青春痘，本来就文静的小美变得更加沉默寡言，每天都一动不动地坐在座位上，显得非常自卑、压抑、畏缩。为了让小美"活"起来，班主任建议小美承担起照顾班级植物园的工作，小美说"试一试"，勉强答应了。

小美遇到的第一个问题是，每天要将花花草草搬进搬出。如果小美一个人搬的话，那么就比较费时费力；如果有同学帮着小美搬的话，那么就比较快捷高效。小美找到班主任，询问该怎么办。班主任直接"撂挑子"，告诉小美"你想怎么办，就去怎么办"。小美先和同桌一起搬，后来又和值日生一起搬。小美遇到的第二个问题是，班级以前是用矿泉水瓶子浇花草的，而用瓶子浇花草时很难做到均匀喷洒叶面。显然，班级需要一个浇花器。这次，小美没有找班主任问怎么办，而是直接买了一个浇花器。

后来，小美被班级誉为"护花使者"。此后，小美开始主动参与师生间的说笑了。

与"问题学生""后进生""学困生"等传统概念相比，"成长受阻"型学生的概念更能体现出处于成长过程中的学生的被迫、艰难、受害等属性，突显此类学生的"受害者"角色，承认此类学生主观上的成长需求，从而给予此类学生更公正的评价，同时为解决问题提供一种崭新思路。显然，"成长受阻"型学生是被成长问题长期压迫的受害者，更需要温暖呵护和科学帮助。为此，我们需要思考如何消除那些横亘在"成长受阻"型学生面前的成长阻碍，以让他们得到实实在在的帮助。

事实上，那些成长顺利的学生，并非没有受到成长阻碍，只不过及时有效消除那些成长阻碍罢了。他们为什么能及时有效消除那些成长障碍呢？显而易见，他们拥有消除那些成长障碍的品质和能力，所以没有受到成长障碍的更多不良影响，而这些品质和能力正是青少年学生顺利成长所需要的核心素养。

也就是说，"成长顺利"型学生所具有的特质，是帮助"成长顺利"型学生健康成长的阳光雨露，也是破解"成长受阻"型学生艰难成长问题的源头活水。简而言之，青少年学生只要具有了这些重要特质，就能顺利跨越某些成长障碍。

从这个角度来说，"成长顺利"型学生为班主任帮扶"成长受阻"型学生提供了一面实实在在、清晰可见的镜子——我们需要分析"成长受阻"型学生缺什么，也要分析"成长顺利"型学生有什么，用"成长顺利"型学生的"有"对接"成长受阻"型学生的"无"，从而为帮扶"成长受阻"型学生找到一条摸得着、看得见的线索。

5. 通过解读言行明晰心理

认识自己并不是一件容易的事情，对于成年人如此，对于青少年更是如此。换言之，在自我认知方面存在迷茫、困惑和焦虑，属于正常的现象。

小书（化名）是我在 2018 年 9 月所带七（6）班的一名男生。在我们班，小书既是一位让老师喜爱的学生，也是一位让老师头疼的学生。

让老师喜爱的是，小书比较聪慧，见多识广，时常能说出一些新鲜的知识及观点；同时，小书又爱学习，虽然未取得拔尖的学习成绩，但是其成绩一直处于班级前列；在卫生等其他不少方面都表现良好。让老师头疼的是，小书在课堂上总是接话，几乎在每个科目上都会接话，简直到了"让人抓狂"的地步。

对于小书的这些行为，同学们怎么看呢？在"双向选择"小组建设活动中，每个小组都不情愿接纳小书做组员——大家都觉得小书在课堂上过于吵闹了。大家对小书的"不友好"评价，引起了小书的觉察，小书为此还对父母发过牢骚。

小书主要接哪些话呢？

一类是标新立异的接话。比如，地理老师在上课时说："通过上述学习，大家觉得法国气候有什么特征呢？"老师话音刚落，小书就会嬉皮笑脸地说："法国气候没有什么特征。"实际上，这类接话纯属儿戏，严重干扰了课堂。

一类是滔滔不绝的接话。比如，历史老师在课堂上提到了"汴京"，小书就会立刻接话道："汴京是北宋的都城，临安是南宋的都城；北宋灭亡之后才有南宋，北宋比南宋早；汴京就是今天的河南开封，临安就是今天的浙江杭州……"这类接话，一旦开始，就没完没了，也会严重干扰课堂。

对于小书接话的问题，各科老师都和小书谈过；我也和小书谈过，询问了他为什么接话，讲过接话对师生、对课堂造成诸多困扰的道理。对于接话的原因，小书支支吾吾，说不清楚。后来，我和小书爸爸有过沟通。原来，小书的接话问题，在五年级时就出现了；从那时起，小书的同学关系就不太好。用小书爸爸的话说，小书不会与人相处，实际上是比较孤独的。

慢慢地，随着老师、父母及班主任的介入，小书的接话虽然没有以前那么"过分"了，但依然时有发生，特别是在表现比较温柔的老师的课堂上。作为班主任，我应如何看待小书的接话问题，并该如何尝试从根源上帮助小书解决接话问题呢？

二、问题分析

小书为什么会频频接话呢？

注意，我这里用的是"频频"，而不是"喜欢"。我为什么没有用"喜欢"呢？

小书接话的行为，让同学嫌弃，让老师头疼，让父母心烦。在与同学交流中，同学必定时不时会对他露出嫌弃表情；在与老师交流中，老师在

"晓之以理，动之以情"的基础上，必定也会对他有所要求、有所批评。在与父母交流中，父母对他的接话行为很心烦，会觉得他做事不分场合，一点也不懂事。也就是说，这种讨人嫌、又挨批的言行，没有多少人是"喜欢"的。小书频频接话，并不表示他"喜欢接话"。

不喜欢，还要去做，那就说明这件事情的出现，还有深层次的原因。

小书爸爸说，小书不会与人相处，实际上是比较孤独的。从实际来看，小书在初一新班级的人际关系，谈不上"紧张"，但也算不上"融洽"；小书基本上游离在同学之外，并没有融入同学中，否则各小组也不会在"双向选择"小组建设中均不情愿接纳小书了。也就是说，小书没有什么友情，确实显得比较孤独。

小书的接话行为出现在读五年级时。五年级的学生大约十一岁，七年级的学生大约十三岁，正处于"自我同一性"（美国心理学家埃里克森所倡导的"人格发展理论"中的一个术语）建立的初期阶段。所谓"自我同一性"，其本意是证明身份，是指个体在寻求自我发展的过程中，对自我的确认和对有关自我发展的一系列重大问题，比如理想、职业、价值观、人生观等的思考和选择。在这一过程中，青少年需要对自身有充分的了解，能够将自我的过去、现在和将来组合成一个有机的整体，逐步确立自己的理想与价值观念，并对未来自我的发展做出思考。

有学者认为，青少年的自我同一性至少包括三个方面的体验。首先，他感到自己是一个独特的个体，是可以和别人分离的。其次，自我有一种发展的连续感和相同感，即"现在的我是由童年的我发展而来的""将来我还会发展，但是我还是我"。最后，自我设想的"我"和自己体察到的社会人眼中的"我"是一致的，相信自己的目标以及为达成这个目标所采取的手段是能被社会承认的。

如果青少年不能达到自我同一性的确立，就有可能引起同一性扩散或消极同一性发展。这类个体无法"发现自己"，也不知道自己究竟是什么样的人和想要成为什么样的人。如果青少年在这个阶段中获得了积极的同一性，他们就会形成"忠诚"的美德——一个人有能力按照社会规范来学习和生活，能够在既定的现实中找到自己的位置，并在这个位置中奉献自我，实现自己存在的价值，从而感受自己生活的意义。

从小书的言行来看，小书设想的自己与老师、同学、父母眼中的自己，并不是一致的；他为实现目标所采取的手段，并没有被社会认可；他并不能按照社会规范去学习和生活，并未在现实中找到自己的位置……换言之，小书并未获得积极的同一性。

我们发现，小书并没有充分了解自我，没能进一步把过去的经验和对未来的预期进行一种新的整合，就要面临社会及生活的多重选择，在内部欲求和外部要求之间产生了矛盾和冲突，尤其是在与别人没有建立起感到满意的关系时，就无法选择适合社会环境的生活角色。

为消除这种矛盾和冲突，青少年容易尝试的做法之一，是向外部爆发出那时的不满和不安。正如埃里克森所言：如果一个青少年感到他所处的环境剥夺了他在未来发展中获得自我同一性的种种可能性，他就将以令人吃惊的力量抵抗社会环境，并为自己的行为找到合理的解释，使自己由于自我同一性混乱而产生的危机感和恐惧感得到缓解，并满足强烈的补偿和代偿需求。

综上所述，小书之所以对老师的头疼、同学的嫌弃和父母的心烦"无动于衷"，敢于冒天下之大不韪在课堂上频频接话，实际上是内心不满和不安的外在表现。对小书自己而言，频频接话的行为，不仅没有什么问题，而且还有合理的解释，且能缓解危机感和恐惧感。

三、教育策略

埃里克森的人格发展理论强调，人的一生是一个连续不断的发展和成熟过程，后一阶段能否顺利过渡取决于前一阶段危机解决的样式和结果。

美国心理学家马西亚对埃里克森的自我同一性理论进行了拓展，并提出"尝试/探索，是孩子建立自我同一性过程中至关重要的一环"的观点，具体如下图所示——

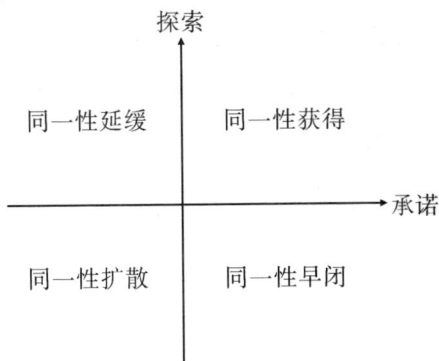

```
                    探索
                    ↑
                    |
     同一性延缓      |     同一性获得
                    |
                    |                   承诺
  ——————————————————+——————————————————→
                    |
     同一性扩散      |     同一性早闭
                    |
                    |
```

所谓同一性获得，是指个体进行了探索，并且达成目标，获得了稳定健康的同一性。所谓同一性延缓，是指进行了探索，但是未能达成目标，同一性没有建立起来；延缓未必是坏事，因为个体仍然会继续探索。所谓同一性早闭，是指个体没有进行探索，但却达成目标（例如被父母安排了体面工作），同一性的建立中止，但自我同一性危机时刻隐藏着。所谓同一性扩散，是指个体既没有探索，也没有成功，浑浑噩噩度日，同一性建立失败。

以上理论为我们帮助小书建立同一性提供了思路。

那么，如何帮助小书建立稳定健康的同一性呢？

首先，提醒父母建立"尊重及支持"的亲子关系。

建立良好的亲子关系是青少年自我同一性形成的重要基石。那些与父母相互尊重，有着稳固感情基础，同时父母能给予他们更宽松的个人成长空间的孩子，更有可能随着自我的探索而获得一种自我认同；那些总是被父母忽略或拒绝的孩子，既很难从父母身上学习认识自己的方法，也很难持续做出寻找自我的探索（可能会被视为挑战或叛逆）；那些对父母过于依赖，完全由父母掌控自己人生的孩子，则容易依附于父母的决定，很难做出有意义的探索。

要建立起"尊重及支持"的亲子关系，父母在面对小书时，有必要保持稳定的情绪，敏锐地发现小书内心的真实需求，并给予小书强有力的支持，鼓励小书进行尝试和探索，少批评，少拒绝，多倾听，多了解。也就是说，小书父母要在尊重小书的基础上，帮助小书了解自我；在帮助小书了解自我的基础上，小书父母要多和小书一起商量办法，并鼓励小书勇敢探索。这样，小书才有可能随着自我的探索而获得一种自我认同。

其次，班主任与科任老师达成"正面引导"的共识。

小书的频频接话行为当然需要规范，但是在处理时不能单纯地以批评、要求、惩戒为主要教育手段。我们需要正面引导。比如，在面对小书标新立异的接话时，老师可以引导小书要"分享必须围绕主题展开"；在面对小书滔滔不绝的接话时，老师可以制定课堂发言制度：无特殊情况，单次发言不超过2分钟；对于需要学生积极参与分享的内容，可以事先给小书布置任务，给他发言、展示的机会。

再次，班主任为小书搭建更广泛的探索平台。

小书到底在哪些方面比较擅长？班主任可以和小书进行深入沟通，全面了解小书对自我的判断，一方面可以评估小书自我同一性确立的程度，另一方面为小书达成"设想的我与社会人眼中的我一致"的目标搭台。比如，小书要想建立见多识广的形象，班主任就可以和小书商定一个主题，然后可以让小书就这个主题，在班会课或其他时间，给全班学生做一个主题分享，让小书拥有树立见多识广形象的平台。

在这个"获得"自我认同的过程中，小书在每一次做出尝试或选择的时候，都会离了解自己更近一步。当然，我们在为小书搭建探索平台时，不要为了搭台而搭台，要把握搭台的契机，从而让小书珍惜平台，最终提升探索的质量。

最后，班主任要鼓励小书多进行规划练习。

有助于发现自己的一条核心线索是：过去自己是什么样的人；现在自己是什么样的人；未来想成为什么样的人。对这些问题的思考，既可以帮助小书认识到自我成长的连续感和相同感，又可以引导小书通过新的规划来不断探索。此时，我们就可以鼓励小书多进行规划练习，引导小书说出更多细节，让小书逐步看到一个立体、清晰、优秀的自己。显然，我们在和小书交流的过程中，可以唤起小书经历及规划中积极的东西，以增加其改变的内在能量。

当然，我们可以提升问题的具体程度。比如，现在，你对自己哪方面最满意？十年后，你觉得你最满意的这一点会变成什么样？二十年后，你觉得你最满意的这一点又会变成什么样？比如，现在，你有什么兴趣爱好？十年后，你还会保持这样的兴趣爱好吗？二十年后，你会把兴趣爱好变成工作吗？比如，现在，你认为自己在班集体中的角色是什么？十年后，你读大学时，你认为自己在班集体中的角色又是什么？二十年后，你工作时，你认为自己在单位集体中的角色又是什么？

问题还可以更具体，比如具体到一天的生活。我们帮助小书规划得越深入、越细致，就越能帮助到小书——在小书规划的过程中，我们帮助小书了解自己，让小书知道自己渴望成为什么样的人，并找寻成为这样的人的路径，从而引导小书在审视自己的基础上重新做出当下的种种选择。

认识自己并不是一件容易的事情，对于成年人如此，对于青少年更是如此。换言之，在自我认知方面存在迷茫、困惑和焦虑，属于正常的现象。当学生在自我同一性确立的过程中遭遇挫折时，老师、家长也不用过于惶恐，因为人的一生都在确立自我同一性。

6. 请给问题学生设计一个明天

对于多数问题学生来说，班主任需要给这些学生设计一些合适的角色，以便给问题学生的教育转化留有达成教育目标的载体。

在我所带的七（6）班中，小亮（化名）是一位表现比较复杂的男生。开学一个月来，小亮出现的问题主要有入学考试成绩处于班级倒数第一（老师知道，但并未向学生及家长公布）、偶尔迟到、经常在课间打闹、英语学科不交作业、大部分自习课捣乱、屡屡在课堂上胡乱接话、在某次放学时鼓动别人打架、在部分老师面前无理狡辩过等；当然，小亮也表现出一些优点，比如性格非常开朗、胸怀相对宽广（同学们经常开他玩笑，他也不计较）、人缘比较好（不管男生女生，都经常和他一起说笑、玩耍）等。

让我对小亮有更深入了解的，是小亮在是否担任合作小组组长中的表现。

根据我班合作小组组长初选条例，全班学生每人投三票，选出心目中自认为最优秀或最适合担任合作小组组长的学生。在这次选拔中，小亮的票数位居前八名，在初选范围之内。为了选出真正能胜任的合作小组组长，我告诉进入初选的学生，给他们二十四小时的考虑时间，二十四小时后给我明确答复；在这段时间内，可以和父母、同学、朋友沟通，但最终必须由自己做决定。

二十四小时后，我专门组织召开了初选学生的会议。在会上，我提醒学生，担不担任组长完全是个人意愿，我希望他们担任组长，但绝不会强求他们担任组长；同时，我要求每一位初选学生进行表态，明确自己是否愿意担任合作小组组长。在轮到小亮的时候，他比较犹豫，说还没有完全想好，问我能否再给一点思考时间。对此，我说可以，并希望他能在下午放学前告诉我最终结果。

在下午放学前，小亮找到我，说愿意担任合作小组组长。我提醒他要思考清楚，他说完全想清楚了。我说担任合作小组组长需要承担更多工作、需要接受更多约束、需要达成的目标更高。小亮说，他确实想清楚了，愿意担任合作小组组长。

小亮的这次表现，让我对他有三点认识：一是他的人缘确实比较好，否则不会得到位居前八名的票数；二是在关键事情上，他还是比较慎重的；三是他在内心还是向往优秀的，虽然他平时表现得懒懒散散的。

此外，在平时和小亮及相关学生、科任老师的交流中，我得知：小亮之所以不交英语作业，原因是小亮的基础非常薄弱，他没有足够能力做作业，但又比较懒散，不愿意花更多功夫来补弱；而在语文和数学等课堂上，小亮比较积极主动；在小学五六年级的时候，小亮开始变得自由散漫；小亮的父母，已经对他没有太多的期望；在心理健康调查中，小亮在学习压力、性格偏执、敌对心理、人际障碍、抑郁焦虑、自我强迫、情绪不稳等诸多项目中均表现正常，丝毫看不出有任何心理问题。

基于以上对小亮的认识，我认为小亮的主要问题为懒散（英语基础差，但又不愿意额外付出等）、自控力差（课间打闹、自习捣乱、课上接话等）、缺乏明确追求（向往优秀，却又表现得懒散等）三方面。对此，我希望看到勤奋、自律、有明确追求的小亮，这三点应该是小亮的成长目标，当然也是我的教育目标。

那么，我如何才能达成这些教育目标呢？

通过分析，我们不难发现，在小亮的勤奋、自律、有明确追求三个成长目标中，有明确追求是核心目标，因为人一旦有了明确追求，一般就会主动勤奋、主动自律起来；或者说，有明确追求，是小亮主动勤奋和主动自律的动机基础。鉴于此，帮助小亮找寻明确追求，成了教育转化小亮的首要工作。

那么，我如何才能帮助小亮找寻明确追求呢？

首先，在长期愿景及短期目标制定中，有意关注小亮的表现。

我班开展了时光宝盒活动——让学生在彩纸上描绘一个九年级的自己（包括成人、成才、成事三方面），同时把纸条折叠成小船（从此岸到彼岸之意）、飞机（飞向梦想之意）或爱心（心想事成之意）等形状，然后将所有学生的纸条共同保存在一个铁盒子里并密封起来，拟在三年后的毕业典礼上打开。在开展这个活动之前，我找到小亮，问他能想象出三年后自己的样子吗？他说想不出来。我提醒他可以从成为什么样的人、打算强化哪些兴趣爱好、考取什么类型的高中等几方面思考；在开展这个活动的时候，我走到小亮面前，提醒他要严肃一些、认真一些，因为这个活动特别神圣。

时光宝盒活动相当于帮助学生梳理个人的长期成长愿景。为了把长期成长愿景具体为一个又一个小目标，我班还开展了制定月度学习目标的活动，主要是根据学校月考制度，规划好自己的学习目标。在这次活动中，小亮并没有把自己的学习目标张贴在学习目标栏中。我问他为什么没有张贴出来，小亮说他不能确定自己的起点在哪里，也不知道自己该有一个什么样的目标，所以还没有制定出学习目标。听到这，我给他提出了三个建议：一是霸气点，比如说总成绩进入班级前三等；二是中庸些，比如说总成绩进入班级前百分之五十等；三是先不制定目标，但要勤奋学习，看自己真实的起点到底在哪里。

上述两项目标制定活动都是班级的集体活动，但是在开展这些活动的过程中，我有意关注了小亮的表现，并给予他及时指导。这是我帮助小亮找寻明确追求的隐形措施，虽然这些措施并不是为了小亮一个人来设计，但我在开展活动的过程中还是特别用心地做了很多铺垫工作，及时将对小亮的帮助穿插在班集体活动中，在一定程度上体现了对小亮的个性化教育。

其次，利用合作小组组长角色，帮助小亮拟定组长标准。

合作小组组长在平常的班级运转中，不仅要管理，还要有示范。既然是示范，那就要有一定标准，否则如何才能认定是否胜任组长工作呢？为此，我要求小亮做三个工作：一是对自己进行"全身体检"，检查自己存在哪些问题，有必要做全面整改；二是密切注意其他三位成员的表现，在看得见的地方，不能比他们做得差，或者说不能比其他三位成员的表现都差；三是做人做事要有底线，不能突破底线，比如说迟到、旷操、上课睡觉等。

事实上，对于小亮来说，合作小组组长角色，既是一种自我成长期望，也是一种自我成长约束；既是一种同学、老师、家长对他的期望，也是一种同学、老师、家长对他的约束。从这个角度来说，我对小亮的合作小组组长角色的处理方法必须要慎重——一般来说，我需要持续鼓励小亮担任好这个角色，不能让小亮把这个角色"演"砸了；即便迫不得已用到合作小组组长自然淘汰制度（比如出现打架斗殴等严重违纪行为、连续两周量化考评分数位居班级倒数前三位、总成绩位居班级后百分之十等），也要有另外类似的角色来替代这个角色，不能把小亮推到破罐子破摔的难堪境地。

也就是说，对于多数问题学生来说，班主任需要给这些学生设计一些合适的角色，以便给问题学生的教育转化留有达成教育目标的载体，或者说班主任对问题学生寄予希望的联结，再或者说班主任要有一个教育转化问题学生的有力抓手。否则，班主任对学生的教育转化，极有可能流于空对空的形式主义中。

最后，根据小亮的实际情况，引导小亮进行初步的生涯规划。

一般来说，对未来有清晰规划的人，都会用心做事的；对于学生来说，道理亦是如此。七年级的学生，面临身心发生巨变的成长期，已进入自我同一性确立的起始阶段。此刻，青少年对自身的关注变得更加敏感，开始思索"我是谁""我是怎样的人""我想成为什么样的人"等问题。

自我同一性的确立，就意味着个体对自身有充分的了解，能够将自我的过去、现在和将来组合成一个有机的整体，确立自己的理想与价值观念，并对未来自我的发展作出比较成熟的思考。如果青少年不能达到自我同一性的确立，就有可能无法"发现自己"，也不知道自己究竟是什么样的人和想要成为什么样的人。

通过实践来看，生涯教育可以帮助青少年确立自我同一性。在生涯教育中，老师需要引导学生认识自我、发现自我、发展自我，从而促进学生自我同一性的确立。正基于此，我在与小亮的日常交流中，注重和小亮谈"你觉得自己有哪些优点""你觉得自己有哪些爱好""你觉得自己有哪些特长""你觉得自己适合做什么""你觉得自己将来想做什么""你觉得自己将来想成为什么样的人""你打算怎样去做"等话题，引导小亮进行初步的生涯规划。

以上是我教育转化小亮的具体设想及实践。

那么，我为什么按照这种方式来教育转化小亮呢？

我主要将设计方法用在了教育转化问题学生上。设计方法以解决方案为导向，以事物品质的持续提升为目标，以开展创意设计与实践为手段，既能积极改变个体的信念系统，又能触发个体的创意。

此外，设计方法不是单纯地从某个问题入手，而是从目标或者是要达成的成果着眼，通过对当前和未来的关注，同时探索问题中的各项参数变量及解决方案，使通往目标的路径得到优化，从而理性地分析和找出最合适的解决方案，即解决问题的起始点。

在教育转化小亮的过程中，我就是运用了设计方法，具体内容如下——

项目	现状	教育目标	核心目标	解决方案
内容	优点：性格开朗、胸怀宽广、人缘好、行事谨慎、向往优秀等。 缺点：懒散、自控力差、缺乏明确追求等。	勤奋、自律、有明确追求。	有明确追求。	1. 制定长期愿景及短期目标。 2. 商讨合作小组组长的标准。 3. 及早进行初步的生涯教育。
顺序	1	2	3	4

从上述表格可以看到，在采用设计方法教育转化小亮的时候，我并没有纠缠于某一个问题的解决中，只是根据问题确定了教育目标，然后将重点放在为达成教育目标而如何设计解决方案上，把消极的问题解决变为积极的目标达成，改变了问题学生教育转化的传统路径。

也就是说，设计方法需要思考问题及问题解决，但对问题及问题解决的思考是以达成更高层目标为基础的，并不受限于问题的解决，而是跳出原有问题解决的模式，同时进入更高层目标的实现方案的设计中。由此可见，在教育转化问题学生的应用中，设计思维可以帮助班主任摆脱学生问题本身的束缚，让班主任进入更积极主动的目标实现中，根除了传统问题学生教育转化的消极被动的弊病。

比如，某学生屡屡迟到，传统做法可能是：了解学生迟到原因，帮助学生找到避免迟到的方法，同时辅以必要的惩戒。而设计思维的做法可能是：引导学生对人生有目标，对学习感兴趣，对班级有归属感，对交往有渴望等，然后再根据这些更高层目标设计解决方案。

那么，如何应用设计方法来教育转化问题学生呢？

从上述表格可以看出，设计方法在教育转化问题学生的应用中主要包含四步。

首先，明晰学生的现状。

在这一步中，班主任必须通过问卷、谈话、测试、观察等各种途径来全面、客观了解学生，不要因为某些严重问题而看不到问题学生的优点，也不要因为某些恶劣后果而不能客观评价学生。每一位学生都有着鲜活的生命，每一个鲜活的生命都是错综复杂的，需要我们小心翼翼地明晰。

其次，拟定教育目标。

明晰学生的现状之后，我们就知道学生"缺什么"了。学生"缺什么"，就需要"补什么"。而这个"补什么"，就是我们的教育目标。需要说明的是，古人不食嗟来之食的故事告诉我们，给学生"补什么"必须以尊重为基础，或者说以良好的师生关系为基础。也就是说，在"补什么"之前，必须先"补足够良好的师生关系"。

再次，确定核心目标。

每一位问题学生背后，都有一个特别深层次的原因，这个深层次的原因，会诱发一系列问题。在确定教育转化问题学生的目标后，我们要拨云见日，发现那个深层次的原因，并根据这个深层次原因而确定核心教育目标，以便解决根源性问题，把力量用在刀刃上。根源性问题不解决，所有工作都是隔靴搔痒。

最后，设计解决方案。

确定核心目标后，我们就要从核心目标的达成出发来设计解决方案了。这里的解决方案，一定是基于帮助学生成长的愿景而设计，具有"准""远""系统"等特点。准，就是一定要找到根源性问题，不要找错了病因；远，就是要尽可能往前看学生的经历，尽可能往后看学生的未来；系统，就是解决方案不是单一的，而是持续一定时间的系统方案。

总之，设计方法是一种新型思维方式，在问题学生教育转化中的应用尚处于起步阶段。我们在应用设计方法教育转化问题学生时，最好先从典型案例出发，以便充分体会设计方法在教育转化问题学生方面的精妙之处。

7. 每一步的处理都需要铺垫

常人眼中的问题学生，多半是在成长之路上迷失方向的学生。为问题学生找到适宜的成长方向，才是从根本上解决问题的方法。

在一次老班工作室的主题研讨活动上，我遇到一个关于女生 S 的案例。

女生 S，现读高二。她个子高挑，身材苗条，面容姣好。乍一看，女生 S 就是一位青春靓丽的女孩子，着实让人喜欢。然而，女生 S 也有让人非常不喜欢的地方：在纪律方面比较散漫，经常迟到、讲话、睡觉；在仪容仪表方面比较喜欢化妆，经常浓妆艳抹；在学习方面比较消极，经常不交作业……其中，突出的问题是仪容仪表问题。

因为女生 S 小错不断，所以班主任经常就这些问题和她交流。这些琐碎问题交流久了，彼此都会觉得特别厌烦。但是，女生 S 的问题依然存在，班主任又不能视而不见，于是他不得不再次硬着头皮去处理。

在这种情况下，如果班主任不改变处理方式的话，那么师生关系将会变得很僵，因为女生 S 一直觉得是班主任这样揪着她不放。后来，班主任在和她谈违纪问题并声称要约谈家长时，她扭头就走，其态度已经非常不友好。

事情为什么会变成这样呢？

我认为，班主任在处理事情的过程中缺少了必要的"铺垫"。对此，我们可以从以下三方面来理解：一、工作是分先后顺序或需要层层递进的，而且前期的工作要为后期的工作打下必要的基础；二、有关人员对后期工作是有预见的，在完成前期工作的过程中，就知道下一步可能会发生什么，对未来可能发生的事情有心理准备；三、人与人之间关系的维护是需要情感基础的，一般需要先从正面的关注、关心和关爱开始夯实情感基础，而"冰冷"的开始直指"冰冷"的结局。

下面，就以仪容仪表问题的处理为例，来谈一谈班主任到底需要做哪些铺垫。

首先，在第一次约谈女生 S 时，需要谈什么？

一般来说，绝大多数违纪事情都不是恶性事件，都是可以"商量"的，并不是非要怎么怎么样。既如此，班主任就没有必要火急火燎地处理这些违纪事情，首次和女生 S 在谈仪容仪表问题时，有必要"把圈子绕得大一点"。

比如，女生 S 的形象这么好，她在学校可以做些什么呢？学校是否有礼仪社、服装社、模特社、舞蹈社等社团？如果有，那么可否引导女生 S 选择一个特别感兴趣的社团加入？同时，班主任要言明，如果女生 S 需要，班主任可以询问相应社团的辅导老师，确定加入该社团的时间、程序、要求等事宜，呈现出愿意提供帮助的诚意。

如果女生 S 不愿意加入社团，那么班主任也可以在夸赞女生 S 形象好的基础上，询问她是否有考虑充分发挥自身优势来选报一些特定专业的想法？不管女生 S 是否有这些想法，班主任都可以说说自己的见解，要结合女生 S 的实际情况详细说明。给学生提供关于成长之路的更多思考和选择，这本身就是成人之美的好事情，学生肯定是不会很讨厌的。

以上两种方法，可先后讨论，也可选择其中一个深入探讨。两种方法的目的都是一样的，帮助女生 S 拥有展示或进一步发展的平台。此举是在"适度扬长"的基础上"把坏事变好事"，至少有三个好处：

一是体现出班主任对女生 S 的关心，让女生 S 觉得班主任确实是在为她的成长用心思索，是出于真心想帮助她，并不是只为自己的利益考虑。

二是体现出班主任对教育规律的遵循，"天才放错了地方就是废材"。作为教育工作者，班主任有责任为学生的成长找到一条比较适合的路。

三是符合人与人之间友好交往的情感需求，一上来就谈问题，则显得冰冷；先谈谈优点，再说说缺点，对方就容易接受。

此外，这样做还有更深层的考虑，这里有个例子：

某男生患有重度的抑郁症，有过割腕的经历。某天，他爬上教室的窗台……幸亏被老师及时发现。在将这位男生成功解救后，学校要求家长先将孩子带回家调养下。这位男生同意回家调养，但是提出一个要求——非要参加完下午的社团活动之后才离校。

当时，我们对这位男生的要求都感到诧异。后来才知道，这位男生怕学弟学妹组织不好这次活动，所以想手把手地再教学弟学妹一次，然后才能放心离校。这件事情给我特别大的触动。在这位男生看来，社团活动给了他温暖且强大的支撑，是他的一种必要的精神寄托。如果没有这个社团，那么这位男生留在世上的牵挂又少了一项。

因此，参加适宜的社团活动，让每个人都以长处、优点、理想面对他人，这不仅是为了满足展示和发展的需要，更是为了找寻"好好活"的意义，让人能以更积极的态度来面对学习和生活。学生在长期的社团活动中，不仅可以感受到成长的乐趣，更有可能找到关于未来的一束又一束光亮，从而找到适合自己的成长方向。这种方向，不管是对学生，还是对成年人，都太有必要了。

事实上，常人眼中的问题学生，多半是在成长之路上迷失方向的学生。一个很清楚未来前进方向的学生，会自觉地朝着那个理想的方向奔跑，当然也就没有那么多的闲暇来违纪犯错了。鉴于此，为问题学生找到适宜的成长方向，才是从根本上解决问题的方法。

在谈完关于社团及专业的问题后，不管学生接纳与否，班主任都不要急着大谈特谈仪容仪表问题，蜻蜓点水般提一提仪容仪表问题就可以了，给学生更多自省的时间。这是班主任第一次约谈学生时需要绕的大圈子，要比单刀直入、直奔主题的方法更有教育性。

其次，在第二次约谈女生 S 时，需要谈什么？

按照一般情况来看，在第一次约谈女生 S 后，女生 S 可能还会化妆——也可能比以前收敛一些，化妆的浓淡度及频率都下降了；还有可能和以前一样，没有什么改观。

如果女生 S 比以前收敛些，那么证明前期的谈话是有效果的。对此，班主任要心中有数。此时，班主任不需要再说什么了，简单提一下就行，因为女生 S 肯定是明白学生不能化妆的道理的，要不然她是不会轻易收敛的。既然女生 S 明白这些道理，班主任就不需要多说了。

如果女生 S 的化妆情况没有任何改观，那么此刻我们可以问问女生 S 为什么要化妆？在女生 S 回答的基础上，班主任采用有针对性的引导。比如，女生 S 说化妆可以让自己显得更美丽。那么，班主任此刻要怎么引导呢？班主任千万不要说化妆不能让人更美丽，因为这一听就是骗人的话——化妆不漂亮，那些演员为什么还要化妆；化妆不漂亮，那些成人女子为什么还要化妆；化妆不漂亮，为什么有人建议女老师化点淡妆……班主任大可平静地承认"化妆的确可以让人更美丽"的事实。那接下来怎么办呢？女生 S 会不会觉得班主任在支持自己化妆呢？

当然存在这种可能。但是，班主任只要守住底线就行了——化妆虽然可以让人更美，但是中学生不适合化妆啊，在时间、精力乃至经费上都不适合啊！这也是全国还没有哪所中学公开支持女生化妆的原因！这是规定，既然是规定，就没有什么商量的余地。

在和女生 S 谈完这些之后，班主任还需要在全班学生面前说一说关于化妆的事情，先说一说自己对中学生化妆的认识，再说一说学校管理制度上关于"化妆"的条目，最好能一条又一条地读给学生听听，特别是什么要求、什么处分之类要给学生说清楚。最后，对全班学生做一个统一要求，以后再发现化妆问题，就要按照学校制度处理了，希望全体同学能够遵守学校的制度，过一种比较简单、纯净的中学生活。

再次，在第三次约谈女生 S 时，需要谈什么？

按照一般情况来看，在第二次约谈女生 S 后，女生 S 可能还会化妆——也可能比以前收敛一些，化妆的浓淡度及频率都下降了；也可能和以前一样，没有什么改观。

如果女生 S 比之前收敛一些，那么班主任第三次约谈女生 S 时，先可以表达一下对女生 S 的感谢，因为女生 S 毕竟还是在一定程度上支持了班主任的工作；接着，班主任可以提出希望，希望她尝试着去适应不化妆的自己及不化妆的生活，慢慢回归到正常的学生状态。化妆问题虽小，但很难在短时间内彻底解决，对此班主任也要做到心中有数。

如果女生 S 依然我行我素，那么班主任可以先问一问女生 S 坚持化妆的原因，同时可以根据平时的观察来推测她化妆的原因。此刻，班主任要在心底不断询问自己，女生 S 为什么要坚持化妆？是单纯地想美？是谈恋爱了？还是跟风？班主任要找出其中的原因，确定化妆到底是单纯的问题，还是表面的问题？在找出原因的基础上，再去进一步处理。

如果是单纯地想美，那么问题不大。当然，班主任也可以和女生 S 真刀真枪地辩论一下：中学生化妆的利与弊。如果班主任能改变女生 S 的认识，那么问题就迎刃而解了。如果班主任辩论不过女生 S，那只好把问题的解决放到学校制度上了——班主任可以在上一次班级公开谈论化妆问题的基础上，说一说继续化妆的风险：什么时候会写检查、什么时候会请家长、什么时候会给处分；班主任甚至可以明确告诉女生 S，下一次再被发现化妆就要被约谈家长了。此举就是想让女生S对可能发生的事情有心理准备。

如果女生S是谈恋爱了，那么班主任就不需要再揪着化妆问题不放了，而是要想一想如何和女生S谈一谈情感问题了。这是另外一个问题，此处不再讨论。

如果女生S是跟风，那么班主任的工作重点就不是女生S一人了，而是一个化妆的群体，甚至是整个班的班风净化。这个问题就比较严重了，需要班主任从系统上去解决问题。

当然，关于女生S化妆的原因，班主任了解得越早，在解决问题的过程中就越主动，同时可以省去前面一些步骤。如果班主任没有发现什么苗头，那么就按照上述步骤一步一步地处理，不急不缓，不松不紧。

最后，在第四次约谈女生S时，需要谈什么？

在谈了三次之后，班主任基本上该谈的都谈了，该发现的问题可能也发现了。如果问题依然没有解决。班主任在第四次约谈女生S时，可以按照前面的约定，该写检查的就要求写检查，该约谈家长的就要求约谈家长。此时，建议班主任再多给女生S一次机会，特别是请家长这一步，能缓一步就缓一步，因为处分毕竟不是目的，同时缓一步也能让女生S感到班主任已经做到仁至义尽了。

当然，班主任在没有更好的方法之前，也可以暂缓第四次约谈女生S的时间。给自己一段时间，以便调查、分析原因及寻求更有针对性的对策；给女生S一段时间，以便她在某些意想不到的事情中获得新的感悟。没有好的办法，冷处理也是不错的选择。

总之，班主任在处理有关问题学生的违纪事情时，要尽可能地为每一步的处理都做好铺垫——先发掘问题中有意义的生长点，本着帮助学生成长的目的去解决学生在成长中遇到的问题，用成长驱动问题的解决；再在一定数量的互相的换位思考后，让学生理解班主任作为教育者、管理者、陪伴者等多种身份的难处，同时让班主任更理解学生一再呈现出某种言行的深层次原因，用情感和认知驱动问题的解决；最后不得已的时候，班主任再去借助处分这个手段，通过让学生承担违反纪律的责任来促使学生反省，用惩戒驱动问题的解决。

在上述三种情况中，班主任在运用惩戒手段时，尤其要注意做好铺垫，要体现出自己的良苦用心及仁至义尽，一方面要让学生看到班主任的不易，另一方面要提前让学生知道自己后续因没有改善言行而所受的处分，同时要提前通知家长处理问题的一系列程序，让家长清楚孩子在校的表现及学校的相关制度。这也是铺垫的一种。

8. 像这样来品味"葡萄干"

每一个问题学生都是一粒值得研究的葡萄干。

在关于"正念"的练习中，有一个特别经典的活动——品味葡萄干。

正念（Mindfulness）是指个体以一种特定的方式来觉察，即有意识地觉察、活在当下及不做判断。其中，念又译为念根、系念，佛教术语，五根之一。念是一种稳定的心理状态，修行者将思想固定在某个对象上，专注地观察它，就称为念。

那么，如何品味葡萄干呢？

1. 持

拿起一枚葡萄干，将它放在手掌上或者用手指捏住。将注意力放在葡萄干上，就好像从来没有见过和它类似的东西一样，认真探索它的每一部分。是否能感受到它的重量？它是否在手掌中投下了小小的阴影？

2. 看

花一点儿时间认真审视这枚葡萄干，全神贯注地观看。让目光滑过它的每一个部分，审视每一个光亮部位、皱褶和凸脊，再看看它的表面什么地方颜色较浅，什么地方颜色深暗。

3. 触

用手指翻转这枚葡萄干，探索它的纹理结构。将它放在另一只手的拇指和食指之间，探索它的质感，感觉一下它的柔软度、硬度、粗糙度和平滑度。

4. 嗅

将葡萄干放在鼻子下面闻一闻，每次吸气时有什么发现。它是否有某种气味？让这种气味充满你的意识。如果没有气味，或者气味很淡，也要如实注意。

5. 听

将葡萄干放到耳边，挤压它，转动它，听一下是否有声音传出来。

6. 放

慢慢将葡萄干放入口中，注意一下手臂是如何把这个物体放到嘴边的，或者注意一下是何时开始意识到口水的。然后，慢慢放在嘴里，注意感受舌头"接纳"它的动作。不要咀嚼，仅仅品味它在舌头上引发的感觉。然后，用舌头缓缓感知它，持续30秒钟或者更多。

7. 嚼

当你准备好以后，有意识地咬一口，感受葡萄干和口腔内的变化。注意它在你嘴里是怎样从一边跑到另一边的，注意体会它释放的任何味道。当牙齿咬入葡萄干时，注意感受它内部的组织状况。继续慢慢咀嚼，但暂时不要吞咽。注意口腔内的变化，注意嘴里的唾液，在咀嚼这个物体的时候，它的黏稠度是如何变化的。同时，也注意一下它散发的味道。

8. 咽

当脑海中出现第一个吞咽念头时，是否能感觉得到？在真正吞咽前，要全神贯注地体会这个欲望。注意舌头为了吞咽都做了哪些准备。观察是否能跟踪感受吞下葡萄干的过程。如果可以，有意识地感受葡萄干滑入到喉咙，进入食道，再进入胃里的过程。如果你没有一次吞下整个葡萄干，就要有意识地第二次、第三次感受吞咽过程，直到完全咽下那枚葡萄干。注意体会吞咽完成后舌头的动作。

9. 感

最后，用一点儿时间感受吃完葡萄干后的影响。口腔中是否还有余味？没有了葡萄干，口腔的感受如何？是否有自动拿起另外一枚的倾向？

其实，每一位问题学生都像一粒外表皱巴巴的葡萄干。作为班主任，我们可以通过上述"品味葡萄干"的方法来"品味问题学生"，以深入地觉察"成长受阻"型学生，从而为更客观地看待问题学生、更真诚地关爱问题学生、更智慧地教育问题学生提供依据。

下面，我根据上述九个步骤，来说明通过正念觉察问题学生的方法。

1. 持——把学生放在手心试一试

事实上，能够把问题学生放在手心的班主任，确实是具有教育大爱精神的班主任。问题学生自然有许多令人生厌的地方，班主任自然也就有许多疏远问题学生的理由。班主任找一个机会，真正把问题学生放在手心，或许会有不一样的感受。

比如，在轮到问题学生在班级过生日的时候，班主任不但没有任何嫌弃的神情，而且要尽可能把一系列细节做得更加精致、到位、温暖，真正地把问题学生当一次"宝贝"来对待，体会一下"宝贝"的感觉。

2. 看——仔细观察学生的言行

当走进班级生活的每一个细节时，班主任自然会获取足够多的机会来仔细观察问题学生。班主任非常有必要仔细观察问题学生的言行，从头到脚，从课堂到课后，从班内到班外，从活动到集会……在目之所及的范围内，去看看问题学生的举手、发言、跑动、蹲下等言行。

有一个问题学生，在课堂上玩彩笔，激动之时把彩墨洒到了我的衬衣上。这时，在我没有任何批评的情况下，他立刻安静了下来，默默地收拾起彩笔，在剩下的时间里一言不发。我看得出来，他是非常懊恼和愧疚的。第二天，我遇到他，他告诉我他回家查资料了，那种彩色笔墨是可漂洗笔墨，只要用漂白液漂洗一下，就可以洗干净了。这位所有任课老师都感到头疼的问题学生，在这件事情上确实呈现出光亮的地方。

3. 触——和学生来一次"亲密接触"

对于表现优异的学生，班主任在给他们颁奖的时候，可能会握手、击掌、拍肩或拥抱，这是班主任与学生"亲密接触"的时刻；对于表现糟糕的问题学生，班主任和他们发生"亲密接触"的机会可能不多，除非班主任要拧耳朵、打屁股、指额头。

诸如前者的"亲密接触"是正向的接触，频率越高，正向影响就越深；诸如后者的"亲密接触"是负向的接触，频率越高，负向影响就越深。显然，问题学生更需要正向的"亲密接触"，班主任愿意给予问题学生更多的正向的"亲密接触"吗？

实践表明，师生间平常的正向"亲密接触"，能让学生充分感受到老师的热情、温暖、喜爱和关心，能增添学生亲近老师的勇气，有利于师生关系变得更加亲密。同时，在与学生"亲密接触"时，老师能通过学生的表情、姿势、力量等方面的表现，体察出学生或亲密或疏远的师生关系、或开朗或内敛的心理特征，这有利于班主任了解学生及调整教育策略。

当然，师生之间的"亲密接触"一方面必须合规合法，另一方面必须尊重学生的思想观念和心理需求——如果学生非常讨厌这种行为，班主任千万不可强行为之。此外，异性师生之间的"亲密接触"更需要把握好分寸。

4. 嗅——于细微处感知学生的味道

每一个学生都是有味道的，不同的学生有不同的味道。比如，热爱运动的男生，因为过度运动而流汗，一般会散发汗臭味；有洁癖的学生，因为把自己收拾得干干净净的，一般会散发出清爽味；谈恋爱的女生，因为更注重自己的外在，一般会散发出淡香味；经常逛网吧的学生，因为长时间泡在网吧或需要抽烟提神，一般会散发出烟味；和社会人员交往的学生，因为经常出入一些成长场合，一般会散发出酒味或烟味……

其实，学生除了有物质性的味道，还有精神性的味道。比如，阳光的味道、热情的味道、勤奋的味道、孤僻的味道、抑郁的味道、悲观的味道。这些精神性味道同样可以帮助班主任开启了解问题学生的窗口。

当然，班主任对问题学生的"嗅"，当属常态的观察，最佳情况是将有意的举动放置于无形之中。也就是说，班主任一方面不要大张旗鼓，避免引起学生的反感，另一方面不要刻意为之，最终将自己变得疑神疑鬼的。

5. 听——把内在的东西慢慢引出来

对任何学生的科学教育，都以老师对学生客观的"听"为基础，因为"听"是最有可能直观显现学生内心世界的途径，更是让老师随时有机会通过"及时交流"而达到引导目的的策略。对于问题学生的教育，更是如此。

这里的听，包括两种：一是老师在双方对话过程中对问题学生的听，二是老师以旁观者身份来听问题学生在其他场合的话语。在听问题学生说话时，说话内容可以反映出问题学生的思想观念，说话语气可以反映出问题学生的情绪变化，说话频率可以反映出问题学生的性格特征，说话对象可以反映出问题学生的人际交往……

为了提升"听"的效果，班主任需要创造"听"的机会。比如，一对一的交流、班会课的展示、课间的闲谈、课堂上的发言等等。在此，班主任可以多给问题学生提供讲话的平台，想办法让问题学生多发言，以增加听的机会。

6. 放——测验班主任对学生的感觉

班主任不能把问题学生"放到嘴巴里"，但是可以体验一下自己听见、想起、看到问题学生的感觉。比如，当科任老师提起问题时，班主任有什么感觉？当看到问题学生的名字时，班主任有什么感觉？当远远地望见问题学生时，班主任有什么感觉？

这些第一感觉，对班主任非常重要，对问题学生同样很重要。

7. 嚼——反复研究学生

对于班主任来说，每一个问题学生，都是一本厚厚的故事集。这本故事集，有问题学生的调皮捣蛋，当然也有班主任的辛酸苦辣。但除了这些，这本故事集还有什么呢？班主任可以选择一些典型的关键事件，将其"放在嘴里嚼一嚼"——站在问题学生的立场，想一想他们的问题到底是什么，想一想他们是否在某一刻呈现出人性的闪光点，想一想他们的需求到底是什么，想一想他们可能曾经经历了什么，想一想他们在整体上是什么样的人。

8. 咽——真正在心底接纳学生

咽，意味着真正地接纳。

如果真要接纳问题学生，班主任需要做哪些准备呢？

首先，班主任在内心是否还有跨越不了的不良情绪障碍？班主任如果还有这样的不良情绪，那么就不要着急。此刻，班主任需要回到前面几步，再尽可能多地获取有关问题学生的信息。班主任也是常人，需要注重自己的情绪体验。

其次，班主任是否愿意"拥抱"问题学生？接纳问题学生，就要接纳问题学生的问题。其实，班主任如果把这些问题看成是问题学生在成长道路上遭遇的巨大坎坷，那么是否更容易、更愿意伸出搀扶问题学生的手呢？

最后，班主任是否愿意诚心对待问题学生。心诚则灵，教育问题学生亦是如此。缺乏了心诚，班主任对问题学生的教育，或许只能停留在形式上。这种形式主义产生的隔膜，班主任能确切感受到，问题学生同样能确切感受到。

9. 感——学生给班主任留下了什么

按照上述步骤，当可以把问题学生"咽入"的时候，班主任有什么感觉呢？此时，问题学生成了被接纳、被研究、被关爱的人，班主任成了接纳学生、研究学生、关爱学生的人。问题学生回到了学生应有的位置，而班主任也回到了教育者应有的位置。毫不夸张地说，班主任解放了问题学生，就相当于解放了自己，因为彼此总算回归到了正常的交往状态。当拥有这种感觉的时候，班主任是不是正期待着和那个问题学生马上交流呢？

每一个问题学生都是一粒值得研究的葡萄干。之所以要把问题学生当作葡萄干一样来研究，主要有两个目的——

一方面，强化问题学生的学生本位，丰富问题学生的精神世界。

问题学生依然是学生，但常常因为糟糕的表现而被班主任在无意中排除到学生群体之外，因为"他们一点也没有学生的样子，实在不像学生"。但无论如何，班主任都无法否认问题学生的学生身份，班主任只有完全承认了问题学生的学生身份，才能从根本上开启教育转化问题学生的漫漫"旅程"。

此外，问题学生也是复杂的生命个体。他们的生命世界，除了班主任能看到的那些令人生厌的少数地方之外，还有大量的、班主任未知的地方。这些未知的地方如何才能呈现出来？这就需要班主任通过上述九个步骤，来看到问题学生背后的更广阔的世界。

另一方面，强化班主任的教育者本位，重塑班主任与问题学生的关系。

班主任不管多么讨厌问题学生，都摆脱不了班主任作为教育者的本位。正因如此，班主任在开展有关问题学生的工作时，首先要意识到的就是自己作为教育者可以做什么、不能做什么、自己做得够不够。在牢记教育者本位的基础上，班主任才可以去谈管理者等其他角色。

这有什么意义呢？

管理者，主要是用制度捋顺人和事；对于捋顺不了的，管理者主要趋向于采用"清除"的策略，因为这样的成本最小。但是，班主任首先是教育者，而问题学生首先是学生，这种师生关系牢不可破、坚不可摧，班主任必须清晰地认识到这一点，尽心重塑与"成长受阻"型学生的关系，尽力让师生关系回归到正常轨道，这样才能"心平气和"地开展教育转化工作，而不是"把'成长受阻'型学生赶走，一了百了"这样简单粗暴。

9. 从性格出发教育问题学生

在选择教育方式时，必须以学生的性格特征为依据，让教育方式与性格特征尽可能相匹配。

我们先来看一个案例——

一、情景再现

被季节性皮肤病折磨的孩子

小睿（化名）是我所带七（6）班的男生，患有一种比较怪的皮肤病。每到天气转暖的时候，他的皮肤就开始变痒、蜕皮，有时还会生疮，导致全身皮肤没有一片是完好的，特别是额头上的皮肤，更是白一块、黑一块，光滑一块、粗糙一块，让小睿苦不堪言。

在他小的时候，这种皮肤病只有不舒服的感觉。现在小睿长大了，除了有不舒服的感觉外，还有对"颜值下滑"的担忧、折磨和痛苦。于是，在天气变热的时候，小睿依然用外套把自己裹住，想把自己的皮肤问题完全遮掩起来。

小睿父母带着他跑遍了深圳、广州、上海、北京等大城市的相关医院，依然没有彻底治愈他的皮肤病。目前，小睿只能通过药膏来缓解皮肤的瘙痒，但无法阻止皮肤病对"颜值"的破坏。而这，成为小睿心中的痛，给小睿带来很多困扰。

比如，在家庭中小睿和父母的关系非常紧张，彼此充满了不理解、不信任；在班级，小睿只和个别同学交往，生怕其他同学嫌弃或笑话自己；在课堂，小睿无法集中精力，总是被一些皮肤上的异样感觉扰乱情绪；在学习上，小睿经常不交作业，学习成绩比较落后；在纪律上，小睿会出现迟到、上课睡觉、过度使用手机等问题……慢慢地，小睿变得沉默、害羞、被动。更为严重的是，他现在采用对抗的方式来和父母交往，父母只要提要求，他就一定不做——有一个比较极端的例子是，某晚父母让他洗澡，没想到他直接就躺下睡觉了，连鞋子都没有脱掉！

此外，由于小睿爸爸比较忙，以前很少有空教育他。现在出现问题了，小睿爸爸有意加强了对小睿的教育。然而，因为小睿爸爸和妈妈在教育理念上出现分歧，小睿爸爸更偏向通过规则来严格教育，而小睿妈妈过于溺爱，这导致小睿的家庭教育经常处于冲突的状态。这也是小睿的问题根源之一。

二、问题分析

通过分析，皮肤病是伤害小睿的罪魁祸首，也是塑造小睿的"模具"——小睿的许多问题，都是由皮肤病造成的。那么，小睿的问题主要包括哪些方面呢？

注意力难以集中问题。因为天气一热，小睿的皮肤病就会复发、加重，小睿无时无刻不在被皮肤的瘙痒困扰着，很难集中注意力听讲、学习。

过于敏感问题。不可否认，皮肤病确实让小睿看起来没有那么白皙、干净、帅气，临近青春期对外表的关注心理，让小睿把自己包裹起来，怕别人看到，怕别人议论。

纪律涣散问题。小睿没有养成良好的遵守规则的习惯，多次迟到，经常不交作业等，纪律问题非常突出。

亲子关系矛盾问题。一方面，小睿不断破坏规则；另一方面，父母对小睿不断提高要求，这必然引起亲子矛盾。父母的教育方式不统一，又加重了这种亲子矛盾，同时养成了小睿对抗父母的心理。当然，这种矛盾是可以化解的。

综上所述，造成小睿问题的根源，主要有三点：一是皮肤病；二是父母的教育方式不统一；三是缺失必要的规则教育。而这三个根源，又造就了小睿敏感多疑、推卸责任、不服管教的典型性格。

三、教育策略

结合上述对小睿的分析，班主任要注意以下几方面——

首先，小睿父母要继续积极为小睿治疗皮肤病。

我们可以设想，随着小睿年龄的增加，皮肤病对小睿的困扰会越来越严重。从这个角度来说，小睿父母必须继续积极为小睿治疗皮肤病——解决了皮肤病，注意力分散、敏感多疑、人际交往面窄等问题就更容易被解决了。

当然，小睿父母为治疗小睿的皮肤病，跑了很多医院，花费了很多心思。但是，医学在不断进步，能够科学有效治疗小睿的皮肤病的方法可能会出现。为了能及时治疗好小睿的皮肤病，小睿父母平时要多关注皮肤病治疗的信息，看到了机会就要去试试。当然，要避免"病急乱投医"。

其次，小睿父母必须做到教育方式的统一。

根据现状来看，小睿爸爸是重视规则教育的，而小睿妈妈则容易溺爱小睿，表现出更多非理性。一个家长谈规则，一个家长谈宠爱，这样会让小睿既无所适从又肆无忌惮，这也正是小睿对抗父母的重要原因。为此，小睿父母必须做到教育方式的统一，特别是在小睿面前，决不能一个向东，一个向西。

比如，在手机使用问题上，小睿父母就要商量好，如果给小睿使用手机，那么如何使用；如果不给小睿使用手机，又如何去解说。此时，小睿父母需要充分沟通并达成共识。如果一个答应小睿使用手机，一个又不允许，那么他真的会激烈顶撞的。

再次，家校合作强化规则教育。

整体来看，小睿在班级的表现在可控范围之内，虽然谈不上优秀，但并未表现出强劲的破坏力。但是在家里，小睿表现出攻击性，对父母一言不合就恶语相向，这是不能允许的。为此，班主任有必要和家长一起商谈小睿有可能涉及的规则问题，共同制定一份操作性强的方案，以便全面规范小睿的言行，帮助小睿树立必要的规则意识。

最后，注重平等沟通的方式。

在小睿的性格中，敏感多疑、不服管教是非常明显的。为了帮助小睿学习与他人正常交往的方式，同时也为了解开小睿的心结，不管是家长，还是班主任，都要确保与小睿的平等沟通。也就是说，不管是沟通什么内容，都要心平气和地沟通。小睿越是敏感多疑或不服管教，家长和班主任就越有必要心平气和地与他沟通。

值得一提的是，在起步阶段，小睿父母与小睿的平等沟通可能会遭遇很多挫折。为此，小睿父母可以创造一个开启平等沟通的平台。比如，小睿父母可以找一位小睿比较信赖的"第三方"在场，让这"第三方"起到润滑、协调和见证的作用——准备一份开场白，解释亲子之间出现一定矛盾的正常性，强调亲子互相关爱的本能性，适当润滑亲子关系；万一交流陷入僵局，在关键时刻提醒双方冷静，让交流能够持续下去；当他们之间的交流出现某些初步成果时，要通过复述、强调、解释等方式，见证他们之间达成的约定，塑造双方所达成的约定的权威性，从而约束双方都要好好遵守约定。

通过这种平等沟通的方式，交流双方都可以把压在心底的真话说出来，这样家长和班主任都可以与小睿达成一定的约定，然后用这些约定来帮助、教育小睿。可以说，注重平等沟通的方式，是帮助、教育小睿的必要条件，否则家长和班主任均很难开展对小睿的教育工作，就更不要说成功转化小睿了，即便沟通内容是非常先进和科学的。

上述案例，告诉我们一个道理：在选择教育方式时，必须以学生的性格特征为依据，让教育方式与性格特征尽可能相匹配。性格特征如天气，教育方式就是衣服；衣服既要符合温度要求（不冷不热），又要符合位置需求（得体舒适）。

那么，哪些典型性格特征需要我们密切注意呢？

一、"一点就爆"型需要迂回。

少数处于青春期的学生，极像"愤怒的小鸟"，别人说不得，一说就"炸毛"。比如，这类学生戴了耳钉走进班级，我们就不能直来直去地要求他们把耳钉摘下，因为这样容易立刻陷入僵局。为此，我们可以采用"迂回"战术。

我们可以将学生喊到走廊，先聊一些学生近期的优点，再说一些问题及建议，最后"突然发现"学生戴了耳钉，于是微笑着希望学生能主动把耳钉摘下来——多数学生会当场摘下耳钉；如果学生没有摘下耳钉，那么我们也不要逼着学生摘下，而是希望学生明天不要再带过来，因为那样老师非常为难（制度不允许；其他学生有意见）。

迂回战术的智慧在于避锋芒，用"温水煮青蛙"的方式，既让学生感到舒服，又能稳妥地解决问题，让问题一直都处于可控的范围之内，从而避免僵局和冲突。

二、"永远沉默"型需要时机。

少数学生，不管你怎么说，他们永远沉默着，好像"不会说话"一样（此处不讨论那些故意不说话的现象）。其实，这类学生的开口，需要一个恰当的时机。

比如，如果想和此类学生聊聊梦想，那么我们可以提前准备一份关于梦想的短文（自己写或选取均可）。之后，我们邀请这位学生，告诉这位学生我们想开展一次关于梦想的演讲或活动，请这位学生在阅读短文的基础上提提建议，学生肯定会开口的，然后，"你一句，我一句"，交流就正式开启了。

也就是说，和这些学生交流，需要做更精心的准备，"设计"一个需要说话的契机，让学生在"自然而然"中就走上交流的轨道了，而我们需要为这种"自然而然"创造条件。

三、"敏感多疑"型需要直接。

某些学生，我们说"东"，他们能想到"西"。于是，我们不得不做出一番解释，以免因为学生误解而导致师生关系僵化。此刻，我们需要尽力缩小交流范围，需要更加明确交流主题，需要更加简化交流程序。一句话，我们需要更直接。

比如，学生说"被骂了"，那么我们就要立刻组织这位学生和嫌疑学生面聊，让他们充分描述当时的场景，帮助他们"看到完整而真实的现场"，谁有错谁认领，谁有错谁道歉。我们只允许学生说"这件事"，及时制止学生"顺藤摸瓜牵出一堆陈芝麻烂谷子"，以免怎么说都说不清楚，最后让学生被"新仇旧恨"折腾得愤怒不已。

总之，和敏感多疑的学生说话，切记要摆明真诚的态度，要精准锁定交流内容，要直来直去，要有什么说什么，不要拐弯抹角，不要一会儿说东一会儿说西，要单纯、直白。

四、"诡辩耍滑"型需要证据。

"诡辩耍滑"型学生的典型特征就是"不见棺材不掉泪"——只要没有证据，他们就能一直喋喋不休地辩解，辩解是他们的"万能武器"；我们的"杀手锏"就是证据，因为证据确凿，就容不得他们再来辩解了。鉴于此，我们在和这类学生交流时，就必须"先准备好棺材"，并适时亮出来，不要和学生"做空对空的辩论"。

比如，这类学生迟到了，我们要当场对表，立即明确学生到底有没有迟到、迟到的时间点以及迟到多长时间。倘若我们过一会儿再去和他们说迟到的问题，那可能就说不清楚了。学生吸烟了，我们就要抓现行（监控当然也可以），否则就不要轻易向学生说起此事。

"诡辩耍滑"型学生的长处就是"能说会道"，我们要避免和此类学生"说来说去"，这是徒劳无益的，我们需要的就是证据，因为只有证据才能让这类学生被"一剑封喉"。也就是说，和这类学生交流，我们是需要有"硬货"的，否则只能是给学生提供展示诡辩才能的平台，于解决问题毫无益处。

五、"情绪多变"型需要倾听。

某些学生，说到一些事情就会兴高采烈，说到另一些事情就会暴跳如雷。和这类学生交流，我们要少说多听，以免触到引起学生情绪剧烈变化的神经。

比如，学生考试考砸了，我们要和学生聊一聊。那么，我们就可以让学生先说，在学生说的过程中，我们密切寻找交流话题，用学生已经提出的话题来推动交流，我们不要轻易提出一个新的话题，这样就可以让学生在自我比较熟悉的话题中保持情绪的稳定。

情绪的变化，多因交流内容的变化而变化。面对"情绪多变"型学生时，我们要有意调控交流内容，不要轻易转换话题，以免让学生产生强烈的情绪变化，最终让交流功亏一篑。

…………

总之，我们在教育转化问题学生时，更要因材施教——一方面，根据学生的兴趣、天赋及梦想等，帮助学生找到一条适宜发展的道路；另一方面，根据学生的性格，选择适宜的交流方式，以便我们的交流内容有机会浸润学生。显然，后者是前者的基础，在教育学生尤其是教育问题学生时，我们需要先谈方法，再谈内容，否则内容就成了"躺在仓库里的种子"，根本就没机会"接触土壤"了，更谈不上"发芽，开花，结果"。

10. 用叙事心理治疗法解决问题

创设适宜的对话情境，引导当事人先讲出自己的生命故事，以此为主轴，通过对关键片段或细节的回顾及诠释不断丰富故事的内容，帮助当事人从故事中寻找新的意义与方向。

一、情景再现

2018 年 9 月，深圳市中小学开始施行学生在校午餐午休制度，班级管理因此多了一项内容。在我们七（6）班，小欣（化名）负责管理午餐午休全部事宜。在前期，我都会在关键点及时到教室巡查午餐午休情况，和小欣全面交流午餐午休问题及其解决办法，协助她管理午餐午休活动。

一段时间后，我们班午餐午休管理已基本进入正轨。此后，我开始尝试放手，就不那么勤快地进班了。当然，我知道小欣可能会遭遇不少挑战。不几天，小欣默默流着泪，极其沮丧地来找我诉说管理午餐午休的困难了。

我："谁欺负你了？"

小欣："小颖（化名）大呼小叫，而且还不听劝。"

我："这小子，竟然这样不懂规矩，看我怎么收拾他！"

小欣："我都提醒三次了，他不仅不收敛，还嫌我多管闲事。"

我："太过分了，简直是无理取闹！"

小欣："老师，你看以后我还怎么管理呢？"

我："你先给我说说今天这件事情的过程，好吗？"

小欣："午休铃声响后，大部分同学都安静下来了，小部分同学没有及时安静下来，于是我提醒大家尽快午休。"

我："铃声响后，你立即提醒全体同学进入午休状态，尽职尽责，而且时间点把握得非常好！然后呢？"

小欣："这时，其他同学都安静了，只有小颖还在说笑，于是我就提醒他安静。"

我："解决好面上的问题后，就要解决点上的问题。你的做法，没有问题。我想知道，你是站在讲台上提醒的，还是走到他身边提醒的？"

小欣："我是站在讲台上提醒的。"

我："站在讲台上提醒，为了让小颖听到，声音可能就比较大，对吗？"

小欣："我没有注意这些，声音可能很大吧。"

我："因为刚刚进入午休状态，你需要关注全班动态，站在讲台上处理，有助于你了解全班情况，这种做法是可以的，说明你在管理中是有大局意识的，这一点非常重要。站在讲台上大声提醒小颖，也是可以的，对其他同学也有警示作用。请你想一想，除此之外，还有没有其他办法呢？"

小欣："我还可以走到小颖身边提醒他。"

我："走到他身边提醒？为什么？"

小欣："我们都知道，小颖比较敏感，也比较叛逆。"

我："你的意思是，对于小颖这种比较特殊的学生，你需要采用更有针对性也更合适的办法？就是我们老师经常说的'因材施教'吧！换作其他同学，你在讲台上提醒可能是不会有什么问题的。"

小欣："对，我在讲台上提醒他，他可能认为我让他失了面子，觉得有点难堪，所以就故意和我唱反调、对着干。"

我："非常好，每个人都有不同脾性，面对什么样的人，就用什么样的方法，这样大家都容易接受，确实是不错的方法。由此，我们也可以看出，小颖可能也不是早就想让你委屈，因为他可能首先感受到委屈，所以才会强烈反弹。在你的提醒下，我也想到一点，当其他同学都安静的时候，我们站在讲台上提醒小颖，可能也会影响到其他同学休息。综合来看，站在讲台上，主要是解决面上问题；走到同学身边，可以解决点上问题。然后呢？"

小欣："我当时没想那么多，只觉得小颖很烦。没想到我一提醒他，他就爆炸了，不仅大呼小叫，而且说我多管闲事。"

我："这一点，他确实有点过分，并且影响到整个班级，按照我们班级的公约，他也要对自己的行为负责。我会找他谈话，并要求他就整个事情向班级做个说明。他大呼小叫之后，你是怎么做的？"

小欣："我也跟着吼了几句，然后同学们好心提醒我们，我们就都停止了。"

我："同学们做得挺不错，这个时候需要有同学站出来灭火，要不然冲突可能就越来越激烈了。这种时候，确实需要一个人先退一步。我们田校长曾说过一句话，'管理就是一连串的纠结'。我们在做管理的时候，都是在不断寻找更适宜的管理办法。现在我们一起回顾这个事情，也是在寻找更适宜的办法。在这个寻找的过程中，管理者的成长会伴有阵痛，但痛定思痛后，我们就会感到自己成长了。"

小欣："哈哈，我体会到这种阵痛了。"

我："那说明你正在'滋滋'地成长。你还有一个大优点，你感觉到了吗？"

　　小欣："什么优点？"

　　我："感觉不舒服，能及时来找老师倾诉、商量，这就是大优点啊！老师虽然也没有太多智慧，但最起码可以听你倾诉一下，让你释放下情绪——人纠结了，肯定有不良情绪嘛！"

　　小欣："谢谢老师做我的不良情绪的垃圾桶！哈哈。"

　　……

二、问题分析

　　我与小欣的对话，主要分为三个部分：抚平情绪，进入对话；回顾事件，剖析问题；诠释意义，对准成长。

　　在第一部分中，作为班干部，小欣流着泪来找班主任，这说明小欣必定受了比较大的委屈，此时我需要无条件地站在小欣的角度来考虑问题，用适当的语言把小欣的委屈说出来，让小欣完全感受到我对她的理解和接纳，从而抚平小欣的情绪，引导小欣以敞开的方式进入对话频道，否则师生间的对话可能浮于表层，根本谈不上有效果或深入内心。

　　比如，我说"谁欺负你了""看我怎么收拾他""简直是无理取闹"等话语，看起来可能显得夸张。但是，当人受委屈的时候，我们需要的不正是这种感同身受的无条件的支持吗？抚平了情绪，才能进入对话模式，此刻讲道理是行不通的。

　　在第二部分，我主要采用引导小欣以"说故事"的形式，帮助小欣回到事件发生的现场，呈现某些关键的片段和细节，以帮助小欣自主反思问题产生的根源，并体悟解决问题的思路和办法。在这里，我并没有直接把解决问题的办法告诉小欣，而是帮助小欣找思路、找办法。

　　比如，我问小欣"你是站在讲台上提醒的，还是走到他身边提醒的""你想一想，还有没有其他办法""他大呼小叫之后，你是怎么做的"等问题，就是想让小欣回到故事发生的现场，特别是着重分析一些关键的片段和细节，从而帮助她看到可以改进的方面。

第三部分与第二部分是同时进行的。让小欣说故事，当然不是为了说故事而说故事，因为每一个故事都是有意义的，我需要让小欣领悟到故事所包含的意义，并让这些意义明确，从而帮助小欣找到那些支撑她"向着优秀班干部成长"的重要资源。

比如，我对小欣说出"在这个寻找的过程中，管理者的成长会伴有阵痛，但痛定思痛后，我们就会觉得自己成长了""感觉不舒服，能及时来找老师倾诉、商量，这就是大优点啊"等话语，就是想让小欣看到故事背后的意义，因为这些故事包含着有益于小欣成长的资源。小欣如此，我们亦如此，我们都可以在故事中获得成长。

其实，作为拥有多年经验的班主任，我们都知道班干部管理班级的难处就在于少数同学的不配合，越是责任心强的班干部越容易遭遇这种不顺心的事情。当然，责任心强并不是缺点。这类班干部往往都有一个共同特征：处理问题的方法比较单一，而且有时不会灵活变通。正因如此，这类班干部容易碰钉子。

尽管如此，我们不能苛责这些班干部，因为他们毕竟也是与同学年龄相仿的学生，他们能有责任心已属难得。从这个角度来说，我们需要用心培养这类班干部，让他们既有责任心，又具有灵活处理问题的智慧。但是，硬生生地灌入是行不通的。我们需要在这类班干部真实经历及切身体会的基础上进行引导，一是因为班干部具有成长的实践需求，二是避免出现"班干部尽心尽责反而被批评不具管理智慧"的尴尬现象。

在整个对话过程中，我主要采用了"叙事心理治疗"。

那么，什么是叙事心理治疗呢？

三、教育策略

叙事心理治疗的创始人和代表人物为澳大利亚临床心理学家麦克·怀

特及新西兰的大卫·爱普斯顿。他们在二十世纪八十年代提出此理论，此后叙事心理治疗受到了广泛关注，并逐步被应用在教育领域。

叙事心理治疗摆脱了传统上将人看作问题的治疗观念，透过"故事叙说""问题外化""由薄到厚"等方法，引导当事人从故事中找到积极的生长点，带给当事人想要的可能性，在促使当事人重新定义生活意义的基础上回归到正常的学习和生活。

叙事心理治疗主要帮助人们解决以下问题：帮助人们把生活及与他人的关系从他们自认为压榨生命的知识和故事中区分出来；帮助人们挑战他们觉得受压抑的生活方式；鼓励人们根据关于自我的故事来重新塑造自己的生活。

叙事心理治疗的基本程序为：创设适宜的对话情境，引导当事人先讲出自己的生命故事，以此为主轴，通过对关键片段或细节的回顾及诠释不断丰富故事的内容，帮助当事人从故事中寻找新的意义与方向。

叙事心理治疗的主要方法：故事叙说；问题外化；由薄到厚。

下面，我重点来介绍这三种方法的使用。

首先，我们来看故事叙说。

哲学家萨特曾说："人类一直是一个说故事者，总是活在自身与他人的故事中，并透过这些故事来看一切的事物，并由此创造一种世界观和一种人生价值。"但是，当事人在述说其生命故事时，往往会遗漏或未觉察一些片段，而这些片段又包含一些积极信息。

比如，当一位学生觉得自己因为不被别人重视而感到沮丧时，我们可以引导学生想一想自己是否有让别人感到特别高兴或特别难受的事，一旦学生开口说出类似的故事，我们就可以以故事中某些关键的细节，诠释学生的重要性，并让学生看到"只要他按照某种方式去做"，就可以得到别人的重视。

其次，我们来看问题外化。

叙事心理治疗的另一个方法是将问题外化，也就是将问题与人分开，把贴上标签的人还原，让问题是问题，人是人。如果问题被看成是和人一体的，要想改变相当困难，改变者与被改变者都会感到相当棘手。问题外化之后，问题和人分家，人的内在本质会被重新看见与认可，转而有能力去解决自己的问题。

比如，对于一个学习成绩一直落后的学生，老师想让他有成就感，应该怎么办呢？我们可以把问题与学生拉开距离，运用多元智能理论的观点，找出学生学习成绩以外的优势，如音乐、舞蹈、体育、绘画等，在优势上予以鼓励。学生的自信心一旦建立起来，学习成绩也就有可能慢慢提升到合理的位置。这就是把问题外化的思维方式。

最后，我们来看由薄到厚。

一般来说，人的经验有上、有下——上层的经验大多是成功的经验，形成正向积极的自我认同；下层的经验大多是挫折的经验，形成负面消极的自我认同。一个学生如果累积了比较多的积极自我认同，做事就比较有自信，所思所为就会走上正常轨道，不需要教师、父母多操心。相反，如果一个学生消极的自我认同远多于积极的自我认同，就会失去支撑其向上生长的力量，被问题和麻烦困扰。

由薄到厚的辅导方法，是在消极的自我认同中，寻找隐藏在其中的积极的自我认同。这有点像在黑色的区域里隐藏着一个白点，这个白点不仔细看还看不到，其实白点和黑面是共生的。如果在人的内心，当白点由点被扩大到一个面的程度，整个情形就会由量变到质变。找到白点之后，如何让白点扩大呢？这就是"由单薄到丰厚"的策略。

叙事心理治疗认为，当事人积极的资产有时会被自己压缩成薄片，甚至视而不见。如果将薄片还原，在意识层面加深自己的觉察，这样由薄而厚，就能形成积极有力的自我观念。

请看下面这段对话——

学生："老师，我不知道我真正喜欢的是什么？"

老师："你自己觉得你是个怎样的人？"

学生："我不知道……"

老师："同学怎么称赞你？"

学生："他们说我很认真。"

老师："怎么说？"

学生："就是上次的义卖会……"

老师："你可不可以谈一下那一次的经历。"

学生："上次学校举办了跳蚤市场，在我们班的展点，只要我在场，就会拉很多人来，我们班级的展点面前可真是人山人海。同学们都不知道我怎么把他们拉来的。我有办法让他们掏出钱来，大家都说我们班的展点没有我是不行的。"

老师："在这件事里，你觉得你有哪些才能？"

学生："我……好像……有推销的才能。"

老师："过去是不是还有类似的经验？说来听听……"

学生："老师，我在想，我好像的确有推销的才能，我妈妈也这样说过。读初一的时候，妈妈在摆地摊。有一次妈妈生病，我刚好有空，她要我替她一下。那一天我卖的比妈妈平时卖的还多。好多逛街的人原来只是看看，并不想买，我好像有办法让他们买……"

学生："老师，大学的哪些系可以让我将来在这方面发展？"

……

在上述对话中，学生的第一个"不知道"并不是真正的不知道，而是内在的意义没有被学生觉察到。当与推销才能有关的事件被叙述出来的时候，随着故事的展开，会带出厚厚一叠有关的经验。麦克·怀特将这种策略比喻为"打开行李箱"，即源源不断地将行李箱里面多姿多彩的内容展现出来。

　　师生对话方便、快捷、高效，是班主任开展教育工作的重要途径。叙事心理治疗以师生对话为基础，不仅能让师生对话更有"专业分量"，而且操作性极强，值得班主任在教育实践工作中不断尝试并使用。当然，叙事心理治疗，可能会涉及学生的隐私，班主任既要敬畏学生的隐私，也要注意创设师生对话的适宜氛围；同时，班主任需要与学生建立更加亲密的关系，否则学生可能并不会对班主任说出压在心里的真故事，这样一切都将无从谈起。

第四章

跳出误区，

清除问题学生帮扶障碍

1. 持续教育的前提是规范

同情问题学生、愿意为问题学生的成长而钻研的班主任，才是真正的教育工作者。

前不久，我们学校在处理一起问题学生违纪事件时，老师们均在心底为班主任捏了一把汗。

男生 L 在迟到、早退、旷课、玩手机、谈恋爱等方面均存在多次违纪记录。当再次因为旷课节数过多而被约谈家长时，男生 L 未等老师开口，就开始质问学生处领导了。

"领导们，你们天天想着教育学生，我觉得你们要改变思维方式了，你们首先要想想怎么教育你们的班主任，看看你们的班主任做了什么！"男生 L 肆无忌惮地说道。

看到这种无礼情形，领导非常生气，严厉地批评了男生 L。但是，男生 L 不依不饶，坚称在谈自己的问题前必须把班主任的问题说清楚，要求领导不要偏袒班主任。而男生 L 的爸爸，表示想请班主任解释一下孩子的疑问。如此，我们就不得不先谈班主任的"问题"了。

"首先，我想问问你们，班主任有没有权利取消学生的考试资格？其次，我想问问你们，班主任有没有权利要求学生休学？最后，我想问问你们，我到底因为什么旷课，班主任了解吗？我有几次旷课，是因为去看了心理医生，心理医生说我压力太大了，建议我多休息。如果班主任不了解真实情况的话，学校有没有权利随意约谈我的家长？"男生 L 一股脑地抛出来三个问题。

"好！把你要说的话说完。"领导说。

"我暂时就说这三点。"男生 L 说。

"家长有没有什么要补充的？"领导问。

"我没有什么补充的，想听听班主任对此有什么解释。"男生 L 的爸爸说。

"那我们现在请班主任回应下这三个问题。"领导说。

"首先，作为班主任，遇到这样的事情，我觉得特别难受，也感到特别失败。对于第一个问题，当时的情形是这样的，考试前一天晚上，男生 L 返校后，问我可不可以不考试。我说，你根据你自身的情况来定，如果感觉学习效果很差，那么可以不考，考的分数太低，会打击自己的自信心，同时也会拉低班级的平均分，对不住科任老师；如果感觉这阶段学得还可以，那就坚持考完所有科目，而且要好好考，不能考了一科就不考其他科了，也不能随随便便考。根据这个情形来看的话，我当时给男生 L 的是选择题，决定是否考试的权利在男生 L 手里，而不是在我的手里。我并没有强硬地要求男生 L 不要考试，但第二天考试时男生 L 缺席了考试。这是对第一个问题的回应。如果有不符合事实的地方，男生 L 现在可以直接指出来。"班主任解释道。

"对，我们面对面把事情说清楚。男生 L 和家长都可以说说。"领导强调说。

"你说我考试会拉低班级平均分，对不住科任老师，但是我问了数学、英语等科目的老师，他们都支持我考试。我看你主要是怕我拉低班级平均分吧。"男生 L 说。

"作为班主任，我要为整个班级负责，所以要全面考虑班级问题。如果班级总平均分很低，那么多数学生都可能会把班级存在的学风问题放大甚至是无限放大，这不利于他们安静、专心学习。对于科任老师来说，他们一般都是带两个班级，如果我们班考得比较差，那么他们会更喜欢我们班吗？所有这些细微的变化，都会影响学生学习的状态和老师教学的心情。我说你如果准备得不好的话，会拉低班级平均分，也是就事论事。更何况，我只是分析事情，并没有强硬要求你必须怎么做。这是我的进一步解释，男生 L 和男生 L 爸爸，看看还有没有什么疑问？"班主任说道。

男生 L 摇摇头。

"我这边也没有什么问题。"男生 L 的爸爸说。

"既然如此，男生 L 提的关于班主任是不是有权利取消学生的考试资格这个问题，也就不存在了。对于第二个问题，我也要说明当时的情形，那天，男生 L 的妈妈来到学校后，问我到底该怎么教育男生 L，我当时也没有想出什么好的方法来，就说也不知道到底怎么做才更好。随后，男生 L 的妈妈说，现在男生 L 一点也学不进去，问我是否可以考虑休学？我说，如果男生 L 没有什么改变的话，这样下去早晚都会因为屡屡违纪而被处分，甚至是被劝退、开除。这样的话，还真不如休学一年，缓一缓再说，看看男生 L 会不会有新的体验和认识，说不定过一段时间后就会有很大转变。这是当时我和男生 L 妈妈之间的对话，我是顺着男生 L 妈妈的话，在男生 L 妈妈征求我意见的情况下，表达一下自己的看法。我并没有所谓的要求男生 L 休学的言行。男生 L 和男生 L 爸爸都可以向男生 L 妈妈求证事情的真相是不是这样的。"班主任解释说。

"其实，你就是打心底想让我走。"男生 L 轻蔑地说道。

"想不想让你走是一回事，有没有明确要求你走是另一回事，我自己都不能左右自己的想法，就更不要说其他人了。但是，作为一位成年人，我可以调控自己的言行，不做不该做的事情，不说不该说的话。再说，学生会遇到喜欢和不喜欢的老师，老师也会遇到欣赏和不欣赏的学生，这都是客观存在的事实，我们没必要讨论这个事情。但是，我们既然已经成为师生，那么都要做好自己的本分。"班主任微笑着说。

对此，男生 L 和他爸爸都没有再提出异议。

"对于第三个问题，我也正想说这些事情。男生 L 经常旷课，家长少数时候会说明、请假，多数时候都没有说明、请假。这不符合学校的要求，而家长对学校的请假要求是非常清楚的，因为我曾多次向家长强调过这个事情。至于男生 L 请假是去看心理医生这件事情，男生 L 要是现在不说，那么我也不知道。这些事情，如果学生和家长都不说，我的确是不容易知道的，因为这并不是发生在学校内。当然，如果我主动反复问问男生 L、男生 L 爸爸或男生 L 妈妈，可能也会知道。我必须要说明的是，学生请假时，家长一般都要主动提前给班主任说明请假理由，而不是等着班主任看学生没来教室再去询问，这不符合学生请假制度。我们都需要把自己该做的事情做好。此外，心理医生给男生 L 的建议，我觉得我们都要重视，男生 L 目前没有找到理想的成长状态，我们要静下心来好好想想原因是什么，同时也要商量下对策。这是我对第三个问题的解释。"班主任说。

对此，男生 L 和他爸爸也都没有异议。

……

后来，这件事情顺利解决。但是，当时听到学生提出上述三个问题时，我是为班主任感到紧张的。令人感到欣喜的是，班主任在听男生 L 的质疑时，一直表现得特别平和，既没有表现出不良情绪，也没有出现表述混乱的语言，做到了有礼有节有据。

这位班主任为什么能做到这样有礼有节有据呢？

我想，除了这位班主任的心理素质特别过硬之外，最重要的是，班主任之前在处理男生 L 的问题时，并没有"出格"的言行——没有强行要求男生 L 不要参加考试，也没有强烈建议男生 L 休学，而是借势表达自己的看法供学生和家长选择。试想一下，如果班主任主动要求男生 L 不要考试，或者率先提出来让男生 L 休学，那么后续的处理将会变得特别被动。

这让我更加明确一点：在教育问题学生时，班主任的言行更需要符合职业规范。

那么，在教育问题学生时，班主任的言行为什么要更符合职业规范呢？

一方面，这是教育学生的需要。就班主任身份来说，班主任所做的工作最终都指向对学生的教育，这是班主任工作的重要意义。从某种程度来说，问题学生更需要班主任的教育，更需要班主任符合职业规范的"晓之以理、动之以情、约之以法"的言行。动不动就要把问题学生开除的班主任，不是教育工作者，而是警察或法官。而同情问题学生、愿意为问题学生的成长而钻研的班主任，才是真正的教育工作者。

另一方面，这是保护自己的需要。这一点很容易理解，太多血淋淋的事实，都指向了班主任保护自己的必要性——班主任的言行一旦突破职业规范，就面临着诸多危险，比如被投诉、被辱骂、被处分，甚至是被杀害。我们实在不知道这些可能性是否会在我们身上变为现实。可能性有时离我们很远，有时也离我们很近。我们实在没有必要拿自己的职业尊严和宝贵生命来打赌，这就要求我们绝对不要给任何践踏职业尊严和危害宝贵生命的行为有哪怕一丁点的可乘之机。

那么，在教育问题学生时，班主任如何才能让言行更符合职业规范呢?

首先,班主任要明确职业底线。

比如,班主任要尊重学生人格,不讽刺、挖苦、歧视学生,不体罚或变相体罚学生;比如,班主任要作风正派,廉洁奉公,自觉抵制有偿家教,不利用职务之便谋取私利;比如,班主任要尊重学生的受教育权,不动不动就要求学生停课反省、威胁要开除学生……

以上几条都是红线,班主任一旦踩到并被揭发,那么班主任一般都会被要求道歉、被主管部门处分,有时甚至会被辱骂殴打等。因此,班主任在面对学生尤其是问题学生时,绝对不做突破职业底线的事情,这是班主任让言行符合职业规范的基础。

其次,班主任要掌握应急措施。

比如,问题学生在课堂上玩手机又拒不上交,此时班主任要怎么办?比如,问题学生在处理违纪事情的过程中突然跑出去了,此时班主任要怎么办?比如,问题学生在公开场合无礼顶撞班主任,此时班主任要怎么办?……

对于这些突发情况,班主任要提前做好预案,做到心中有数,以免万一遇到这些突发情况时不知所措或言行过激。心中有了科学预案,就能做到临危不乱。这就要求我们多设想可能遇到的突发情况,并事先做好应急措施,这是班主任在危险时刻还能让言行符合职业规范的关键。

再次,班主任要做好资料整理。

问题学生难免会出现问题言行。问题学生一旦出现问题言行,班主任一般都会在第一时间内发现并及时解决问题。那么,问题学生到底出现哪些问题言行?班主任是如何处理的?班主任和学生是如何沟通的?班主任有没有通知家长?班主任和家长是如何沟通的?

此时,班主任就需要将这些材料按照时间、类别、内容等顺序整理。整理这些材料有三个目的——一是做好问题学生的个人档案,为全面了解问题学生及研究教育对策收集好材料；二是方便家长、心理老师、学生处领导等了解问题学生的情况，为后续处理做准备；三是防止出现纠纷时无事实依据，让自己很被动。有丰富的材料，既说明班主任做了大量工作，也代表班主任所做工作的规范性。

最后，班主任要熟悉处理流程。

如何处理有关问题学生的事情？班主任要非常熟悉处理流程。比如，当发现某学生在教室内出现怪异笑声时，班主任首先需要及时询问这位学生是否有什么不适，在询问完之后，要立刻向心理室老师、主管部门领导汇报该现象并商讨下一步的对策：是否需要心理老师约谈这位学生，是否需要通知家长及需要家长做什么，班主任下一步需要特别注意什么……

班主任熟悉处理有关问题学生事宜的流程，一方面是为了及时且科学地解决问题学生遭遇的问题，另一方面是为了向相关人员借力并做好后续处理的预案。班主任如果一个人扛着这些问题，可能会因为缺乏足够智慧而耽误了问题学生的教育，也可能因为大包大揽而承担更多渎职的责任。因此，班主任熟悉处理有关问题学生事宜的流程，也是工作规范性的保证。

问题学生的教育一般都是长期的系统工作，更需要规范性的工作。规范性工作，可以让班主任在繁忙的工作中做到忙而不乱，更符合教育规律及学校要求去完成本职工作，这是教育职业的需求，也是科学研究的需求。

2. 感觉好了，才能做得更好

为学生找到理想的成长方式，才能从根本上解决让学生感觉好的问题，因为学生一旦找到成长方向，接下来就会非常主动了。

和很多问题学生一样，小亮不仅不学习，而且在行为习惯上表现比较糟糕。我曾和小亮开玩笑说："小亮，你是不是打算把所有错误都犯一遍啊？"这句话虽然是玩笑话，但描述的却是事实，小亮确实在犯各种各样的错误。

怎么办呢？

请先来回顾以下三个片段。

"小亮，下一周我们将参加军训，军训基地在每个班级都会评选几名优秀队员。你这个小家伙，运动细胞发达，军训应该是你的强项，我希望你能积极表现，不仅不偷懒耍滑，而且要给同学们做个榜样，看最后能否被评为优秀队员。你觉得怎么样？"

"老师，我加油！"

军训结束后，小亮对我说："老师，我差一点点就评上优秀队员了！"

"小亮，半个月后就要进行期中考试了，这一次你努努力，看能不能挪挪窝？我觉得凭你的聪明才智，考个中等以上成绩是不成问题的。"

"老师，我也不想每次都考倒数第一。"

"不想考倒数第一，这是好事啊！我相信你只要把认真听讲这一点做好了，就一定可以远离那个位置了。"

"老师，我这次一定不考倒数第一了。"

期中考试结束后，小亮的成绩依然位列班级倒数第一。

"小亮，上一周你的班级操行量化分数是班级的倒数第一。请你现在分析下原因。"

"主要是因为在自习课上讲话，被扣的分数较多。"

"自习课上讲话？你都讲些什么呀？"

"就是坐不住，自言自语。"

"如果做不来作业，那么你可以读读名著、复习下课本、抄写下英语单词啊。"

"好的，老师，我会尝试做的。"

"其实呢，这些话，我给你说过不止一次，其他老师可能也给你说过类似的话。你明白这些道理，我也相信你只要控制一下就可以做得到。我期待着，哪一天你也能站在分享经验的舞台上，和大家说一说你的蜕变心路。"

"谢谢老师！我会尽力改变的。"

后来，小亮的操行量化分数依然经常位居班级倒数第一，偶尔会位居班级倒数第二。

……

这三个片段，是我和小亮之间交往的常态。于我来说，我对小亮经常处于"鼓励—希望—要求—失望（极少惊喜）—鼓励"的循环中。实际上，在遭遇小亮所呈现的各种琐事的过程中，我有时会感到愤怒，有时会感到绝望，但同时也越来越感到教育问题学生的方向和策略的清晰——让小亮感觉好一点，让我也感觉好一点。

现在，小亮远不至于陷入我行我素、不管不顾、破罐子破摔的地步，还在努力避免变得更糟糕；我和小亮保持着良好的师生关系，我对小亮说些什么，他基本上还是比较在意的；整体上来看，小亮的表现处于可控的范围内，我仍然掌握着教育小亮的主动权。

面对问题学生，最忌讳的策略就是严斥责、狠惩罚、快疏远，因为这让学生真真切切感受到了班主任的敌对心理，加速学生走到和班主任对着干的道路上，极有可能把教育转化问题学生的道路完全堵死。然而，这种最忌讳的策略，也是最容易出现的策略，或许我们在某一瞬间就会完成这种消灭一切希望的"壮举"。

这条最忌讳的路，最大的弊端就在于让师生均感觉不好——师生均感受到了敌对，均感受到了溃败，均感受到了绝望。在这种情况下，不管是班主任，还是学生，都很难产生做出改变的充分理由，也很难看到做出改变的明亮曙光。

从这个角度来说，教育问题学生的最佳心理状态是"让师生均感觉好"——师生均感受到友好，均感受到帮扶，均感受到鼓励，均感受到希望。在这种情况下，不管是班主任，还是学生，都可以产生做出改变的充分理由（彼此关爱的力量，相互鼓励的力量，成长希望的力量等），也能看到做出改变的明亮曙光（我有优点，我有方法，我有目标）。

正所谓"感觉好了，才能做得更好"！

下面，我们再从相反的方面来举个例子。

据报道，2018 年 10 月 14 日上午，有人在杭州钱江四桥附近的水域发现了一具男性尸体。经家属辨认，死者为失联的浙江大学博士生侯某。该事件发生后，无数老师、家长为之震惊，并纷纷据此揭示教育领域的深层次问题。

侯某为什么会被逼迫到跳江的地步呢？

侯某在其微信最后一条朋友圈中写道："可能我只是不太喜欢，也不太适合这个世界，所以再也不想多做停留了。不想再假装，也不愿再撒谎，只想做我自己而已，是真的难。"

由这些话来看，侯某对这个世界的感觉非常糟糕，已经陷入没有任何留恋的严重地步。事实上，这个世界上有非常多的美好感觉——亲情的温暖，爱情的甜蜜，友情的真挚，进步的喜悦，事业的成功，希望的召唤，知识的增长，能力的提升，潜力的无限，梦想的实现，健康的呵护，运动的畅快，阅读的趣味，等等。

如果我们充分感受到了这些美好，那么我们会不留恋这个世界吗?!

事实上，如果我们感受到了这些美好，不仅不会结束生命，而且还会用心珍惜生命，把各方面的事情都尽力做到最好，在享受幸福生活的同时不断提升生命质量。相反地，如果我们感觉涉及自己的每个方面都非常糟糕，那么久而久之真的会找不到生存下去和不断奋斗的理由，要么会自暴自弃不求上进，要么会唉声叹气怨声载道。

从以上两个方面来说，人的感觉会对人的言行产生重大影响。当感觉美好时，人会更积极主动；当感觉糟糕时，人会更消极被动。当然，我们不否认那些极其坚韧的生命的存在，每当遭遇更多困境时，他们会产生更强劲的生存力量，百折不挠，愈战愈勇。

然而，我们不能否认的是，这些坚韧的生命，都怀揣无比美好的信念，都坚信行动的力量。而对于大部分学生来说，他们是否具备这种稀缺的生命品质呢？事实上，绝大多数学生都宛如幼苗，可以经历微风细雨，但承受不了狂风暴雨——一阵狂风暴雨后，有多少被拦腰吹折、被连根拔起、被完全淹没？！

再则，那些坚韧的生命，多是有丰富经历的生命。对于绝大多数学生来说，他们并不具备这种客观条件，因为他们只有区区十几岁，他们的人生才刚刚开始。这样一来，我们希望学生有多么坚韧，也实在是强人所难。

综上所述，对于未成年学生来说，我们需要让学生对未来、对成长产生特别美好的感觉，让他们在感觉美好的基础上，看到未来的方向和吸引力，看到成长的希望和信心，看到改变的必要和策略，看到师长的关爱和期待……简·尼尔森曾说："我们究竟从哪里得到这样一个荒诞的观念，希望让孩子做得好，就得先让他感觉更糟？"

那么，什么是美好的感觉，什么是糟糕的感觉呢？

美好的感觉一定是正面的，能让学生感受到认同、理解、接纳、帮扶、鼓励、希望、指导、感动、喜悦等，从而让学生产生主动努力改变现状的热情；糟糕的感觉一般是负面的，能让学生感受到恐惧、厌恶、排斥、打击、侮辱、绝望、痛苦等，从而让学生被消极颓废的不良情绪所裹挟。

那么，我们如何才能让学生感觉好呢？

首先，班主任要恪守为师底线。

班主任是教师，这是班主任的职业属性，意味着班主任必须遵守教师职业道德规范。换言之，班主任的言行是有底线要求的，班主任实在不能想做什么就做什么，也不能由着性子做事。这些道理，大家其实都懂，但做起来是非常困难的。

然而，班主任必须恪守为师底线，这没有讨价还价的余地。

我为什么要强调这一点？

因为班主任恪守了为师底线，学生就不会感觉特别糟糕。

比如，某学生接二连三迟到，而且屡教不改，班主任对此肯定是感觉很不舒服的。此时，班主任就不能对着学生说出"就算是猪脑子，也都能记住老师的话了"等话语，也不能用手指指着学生的鼻梁、不分青红皂白地训斥个不停……一旦班主任出现这些言行，那么学生还怎么可能感觉好呢?!

其次，班主任要认识到学生的成长是动态的。

时下，学校教育存在两大误区，一是评价学生的标尺多限于学习，二是评价学生的方式多半是静止的。为此，班主任必须认识到学生的成长是动态的——学生的主要任务会变化，现在是学习，将来是某种职业，学习不优秀，并不意味着工作也不优秀；学生的思想观念会变化，现在不知书达理，不代表将来也不知书达理。一言以蔽之，随着时间的流逝，当下的好学生可能会变成未来的坏青年，当下的坏学生可能会变成未来的好青年。这样的例子，真是举不胜举。班主任要以发展的眼光来看待学生。

未来充满着未知数，其原因就在于学生的成长是动态的。

班主任特别需要这样的动态思想。当看着面前这个让人咬牙切齿的学生时，你想一想十年、二十年后他（或她）可能会成为一个优秀的工人、一名出色的球员或者一位在职场游刃有余的公务员的时候，还会那么愤怒吗?!

对于那些"令人生厌的问题学生"，班主任需要做的就是在他们犯错的时候，按照规章制度及教育规律心平气和地教育他们，尽力避免他们犯超出校园范围的严重错误，然后安安稳稳地把他们送出校园，让他们顺利接受下一阶段的教育。在这个阶段，我们能通过智慧的教育，让他们朝着期望的方向改变，那是班主任的重大成就；我们能通过符合要求的教育，让他们平平安安度过眼下的教育阶段，那也是班主任不小的成就。

至于未来，那些学生会变化的。班主任能这样鼓励学生追求进步，学生会感觉更好的。

再次，班主任要积极乐观。

如果我们细心观察，那么我们就会发现以下现象：那些容易产生师生矛盾、动不动就抱怨、一体检就出现很多问题的老师，多半是性格较为封闭的老师。这些性格较为封闭的老师，很难做到真正意义上的积极乐观，很容易往坏的方面想事情，很容易把学生想得一无是处，很容易把工作想得无能为力。

不够积极乐观的老师，我不建议他们担任班主任，因为这对学生是摧残，对自己也是折磨。如果这类人不幸做了班主任，我只能建议他们尽可能带所谓的"好班"，或者说好好改变自己的性格，让自己更积极乐观些。

事实上，教育问题学生说难很难，说简单也非常简单——出事了，咱就按照要求按照程序处理事情，处理事情的过程本身就是教育；没出事，咱就变着法子和学生聊聊天，该鼓励的鼓励，该要求的要求。尽人事听天命，如此而已。

班主任遇不到天塌下来的事情；真正天塌下来了，班主任也毫无办法。这样想，我们就能积极乐观些了。班主任积极乐观了，学生自然会感觉更好些。

最后，班主任要不断寻找学生的成长点。

作为班主任，我始终坚信一个观点，所谓问题学生，多半是未找到适合自己的成长方式的学生。同时，我也坚信，一位真正能考一百分的学生，基本上是不会故意考九十分的。他们也不喜欢被批评、被厌弃、被开除，只是有太多的诱惑或阻碍让他们不能按照优秀的方式来行动罢了。

也就是说，多数问题学生在内心是渴望优秀的，只不过没有找寻到适合自己的成长方式。从这个角度来说，为学生找到理想的成长方式，才能从根本上解决让学生感觉好的问题，因为学生一旦找到成长方向，接下来就会非常主动了。

　　前文中的小亮，特别喜欢打篮球，我就一直在用"篮球"和他交往。在学校篮球比赛中，他选择的号码是 24 号，我和他开玩笑说，穿科比的球衣，也要有科比的球技，更要有科比的职业生涯！小亮既然选择科比的号码，就肯定对科比崇拜有加。我这样说，也是鼓励他向科比学习，同时强化他对篮球的兴趣和归属，看他能不能以"篮球"为求学路径。如果小亮能以篮球特长生的身份考取高中，又能以篮球专业的身份考取大学，那么我就出色地完成了一项重大工作。

　　果真如此，小亮会感觉好，而我的感觉会非常棒。

　　让学生感觉好，就是给予学生一种更为积极向上的成长力量，让学生在正向引导中找到成长的方向，让班主任在创设希望中感受到教育的力量，同时全力避免给师生的心灵留下一丝又一丝难以抹去的阴影，这是师生双赢、一举多得的策略。

3. 给问题学生一个支点

对于任何问题学生来说，他们都需要一个强有力的支点，给他们平台，给他们能量，给他们方向，以供他们朝着我们期待的方向转变。

本周一，我校高二（6）班小叶（化名）被学校给予警告处分。

原来，在上周三中午放学时，小叶与某女生（高一）在从教室通向学生餐厅的道路上，手挽着手，显得特别亲密。这一幕，刚好被值班老师看个正着，而且被拍下照片来。在确凿的证据面前，小叶与女生均承认，他们的确相互爱慕。按照学校有关制度，小叶和女生之间存在男女生交往过密问题，他们均被给予警告处分，双方家长也需到校配合处理。

事实上，这已经不是小叶第一次出现男女生交往过密行为了。

在某个课间，小叶就曾和那位女生在教学楼楼梯口拉拉扯扯，恰巧被我看见。我看到这一幕之后，当场提醒了他们，要他们注意身份，注意场合。当天下课后，我再次约小叶交流，并表达了三层意思：一是我尊重他们的情感需求，这是美好的青春情愫，值得拥有，值得珍惜，值得敬畏；二是我分享了一些面对青春情愫的建议，希望他们能够有足够智慧把这些青春情愫保持、保鲜、保养下去；三是我告诫他，不要抱有侥幸心理，不要有一些出格的行为，尤其是在校园里，否则会被给予处分，而且双方家长都要到校处理，兴师动众的，影响不好。

从我的角度来讲，没有在第一次发现小叶与女生出现亲密行为时就把他们报给学校处理，也是想给予小叶一次自我成长的机会，希望他能在青春情愫面前有足够的智慧和担当。显然，小叶并没有完全按照我的建议去做，这也在情理之中。

不栽跟头是一种成长，栽跟头同样是一种成长。这次处分，能给予小叶另一种成长。

其实，除了处分本身，小叶会有更多感受：上周三被发现后，小叶和女生均被家长带回家反省两天，再加上周一的课，他们前后被耽误了三天半的课程；小叶的父母到校后，他们的情绪是非常激动的，小叶目睹了父母为了给他洗白而近乎蛮不讲理的表现，明白自己给父母带来了麻烦，同时也给父母抹黑了；小叶被公开处分，而且被取消了本学期的所有评优评先资格……

被处分后，小叶的情绪比较低落，在课堂上显得无精打采的。我本想找小叶聊聊天，但转念一想，实在没有必要了，因为在停课反省和处理问题的过程中，小叶听到了太多的道理、太多的提醒和太多的告诫。此刻，他需要冷静。

当然，作为老师，我需要给小叶一个支点，让他快速地重新振作起来。

怎么办呢？

我准备了一个精美的记事本，一支质量较好的书法钢笔。同时，我用这支钢笔，在记事本上认认真真地写下这段心里话——

> 每个人的人生都由自己来书写，不管是精彩，还是荒凉，都由自己把握。相信你，加油！

然后，我把钢笔插在记事本上的笔套中，并用礼品袋简单将记事本包装好。

在周五放学时，我把小叶喊到办公室，郑重地将记事本赠送给小叶，同时告诉他，我想说的话，都写在里面，希望他拿回去后自己慢慢品味。如前文所述，我之所以这么做，就是想给小叶一个支点，让他重新振作起来，主要有三点考虑——

首先，人在遭遇困难时，特别需要有人雪中送炭，来尽力拉一把。这是从人性的角度来考虑的，在遭遇困难时，我们是不是更容易感受到人性的温暖和冷漠？在这种关键时刻，作为小叶的老师，我肯定是要真诚地站出来的。

其次，及时表达对小叶的支持，优化师生关系。一般情况下，在学生受处分后，老师因为班级荣誉受损、被耽误时间、增添了麻烦等因素，都会有意冷落学生一段时间，我的做法恰恰相反。在学生受处分后，老师要第一时间走到学生身边，表现出自己的感同身受，让学生看到老师不仅没有嫌弃他们，而且还非常支持他们。这是从师生关系的角度来考虑的，做师生关系的主动呵护者，是每一位老师都要铭记的为师道理。

最后，给予小叶一些建议，供小叶参考和采纳。在男女生交往过密这件事情上，其实我已经提醒过小叶，但是他依然没有避免被处分。此时，我给他送上"每个人的人生都由自己来书写，不管是精彩，还是荒凉，都由自己把握"这句话，我想他对这句话会有更多感悟，期望他能对自己的人生有自主把握和自我担当的意识。这是从情理的角度来考虑的，适时给学生一些建议，供学生在成长的关键时刻参考和采纳。

后来，小叶的妈妈告诉我，对于我送给小叶记事本、钢笔和话语的事情，小叶感到非常意外和惊喜。我想，不管这种举动是否真正起到预设的那些作用，我都应该这么去做，因为我是一名老师，我需要把对未来的美好希望付诸当下的行动中，同时静待花开。

事实上，对于任何问题学生来说，他们都需要一个强有力的支点，给他们平台，给他们能量，给他们方向，以供他们朝着我们期待的方向转变。绝大多数问题学生的一个最大特征就是"有问题"，这些学生无疑是非常容易让老师生厌，让同学远离，让父母抱怨的——当全世界都嫌弃他们的时候，他们能不破罐子破摔就不错了，还奢求什么健康成长?!

基于此理，作为老师，我们需要随时给予问题学生强有力的支点，尽力将问题学生拉回到健康成长的轨道上来，全力避免问题学生在错误的道路上越走越远。

那么，我们可以给问题学生提供哪些强有力的支点呢?

首先，职务支点。

曾有一位男生，小错不断，我也经常找他"谈心"。后来，我觉得他是做班主任参谋的好材料——"脸皮厚"、脑子活，了解学生什么时候犯错、为什么犯错、怎么样犯错等事宜，既有做参谋的智慧，也有做参谋的条件。于是我安排他做我的参谋。不得不说，那段时间，他感受到了自己在班级的价值，而我的带班工作也更有针对性，真可谓一举两得。

给予问题学生职务支点，其本质是对问题学生的激励——发现他们的潜能，提供做事的机会，期待他们在做事的过程中，感受到自身的价值，收获成长的信心。需要提醒的是，问题学生毕竟是问题学生，我们在不能确保改善问题学生的问题前，不可给予他们班长、团委书记、纪律委员等重要职务，因为重要职务的设置，主要是为了管理班级，而非为了教育转化问题学生。因此，在需要给予问题学生职务支点时，可给予他们一些短期的、暂时的、可控的职务，等他们走上正轨后，才考虑其他职务。

其次，情感支点。

曾有一位男生，读了半年国际班、落下很多国内课程之后，转到我的班级。其他同学每次考试都能考到四百多分、五百多分，唯独他每次只能考一百多分、两百多分，一个人就能轻松拉低班级平均分5~8分! 这还无所谓，关键是这位男生不仅成绩差，而且丝毫没有努力学习的意思，这难免让人看着更气愤了。但是，我批评他的时候，也同样会给他送生日贺卡，赠言鼓励他。这就是给他提供情感支点，不能把师生关系弄僵。

给予问题学生情感支点，其本质是为了改善师生关系——问题学生出现的问题，是破坏师生关系的利器，班主任容易因为这些问题而疏远、厌恶问题学生，问题学生也容易因为这些问题而抵触、敌视班主任；给予问题学生情感支点，就是想让他们看到，老师虽然做不到偏爱他们，但依然可以公正对待他们。需要说明的是，给予问题学生情感支点，并非讨好问题学生，此刻班主任需要明白其中的奥秘——该关心他们的时候关心他们，但触碰底线时照样处理他们。

再次，平台支点。

有一位女生，整天化妆，你上午让她把妆洗掉，她下午还会化着妆。为此事，她写过反思，她家长到校谈过话，学校也处分过她。但是，她还是化妆，只不过没有以前那么明显。当然，爱美之心人皆有之，我能充分理解她的心情。但是，我夹在对校规的尊重和对爱美之心的理解之间，实属遭罪。尽管如此，遭罪归遭罪，学校礼仪队换届的时候，我依然郑重地推荐她参与，想给她提供一个平台，让她拥有合情合理、大大方方化妆的机会，让她拥有一个体悟成长、理解老师、热爱学校的小小窗口。

给予问题学生平台支点，其本质是展现问题学生的闪亮之处——"成长受阻"型学生的问题太多了，有时会多到显得"一无是处"，他们需要适时展现"闪亮之处"来维护自己的尊严。鉴于此，凡是发现有适合问题学生展示的平台，班主任就要大力举荐他们去发光发热，让他们有机会换种积极的面目出现在同伴面前，在改善他们的生存环境的同时，维护他们生存所需的尊严。当然，问题学生要在这种平台上展示，其前提是问题学生确实有"闪亮之处"，这就要求我们要善于发现问题学生的闪亮之处，并适时给予他们展示的平台。如果问题学生确实没有什么闪亮之处，我们又来不及培养，那么就没必要采用这种支点了。

最后，方向支点。

有一位男生，身体特别健康，高大、强壮、灵活；尤其关键的是，他的视力特别好，裸眼视力均在五点零以上。但是，他就是天天上课睡觉，一点也不想学习，找不到学习的理由。我认真考虑了他的情况，觉得需要给他一个成长方向。我想，他有这个身体条件，考军校是再好不过的。于是，我找他谈话，问他想不想考军校，尤其是航空学校，我们学校以前也有学生考上过航空学校。他说想，但是没有信心。我就帮他查找资料，通过对照资料，他的身体一点问题都没有；身体没问题，剩下的就是成绩了，一般情况下，分数能达到本科线，上航空学校就没有问题了；而他的成绩，对照本科线，还差不少……有了这个方向支点，后来我再辅以及时的鼓励和指导，他逐步开始尝试着学习了。

给予问题学生方向支点，其本质是从根本上解决学生的成长问题——那些目标清晰、勇于追梦的学生，一般都是没有什么问题的；那些浑浑噩噩、漫无目的的学生，一般都存在或多或少的问题。帮助问题学生找到适宜的成长方向，在思想上做通他们的工作，这实在是功德无量的事情，因为这从根本上解决了学生的成长问题，让学生知道为什么活着、怎样活着更好，这是人生的大问题。为此，我们需要通过各种方式，了解问题学生常常压在心底的梦想，同时给他们提供方向，看能否帮助他们找到一个适宜的人生方向。

总之，多数问题学生是遭遇了太多成长困难，陷入泥淖而不能自拔的学生。他们需要握住一个有力的支点"爬上岸并走下去"。一般情况下，如果他们自身拥有或者可以创造这个支点的话，那么他们就不会轻易陷入泥淖了。因此，问题学生更需要借助他人提供的支点，以跳出当下无力改变的现状。此时，提供有力的支点，成为班主任教育转化问题学生的重要途径。

4. 从一个脚印到下一个脚印

当我们采用某种方法教育转化问题学生时，如果没有看到明显的教育效果，那么不要轻易否定这种方法，而要进一步思考是否运用得当、是否适合学生、是否遭遇阻碍因素等，最终达到优化教育方法的使用的目的。

曾看过这样一个故事——

一位年轻记者在采访爱迪生时问道："爱迪生先生，您目前的发明曾经失败过一万次，您对此有什么看法？"爱迪生微笑着说："年轻人，我没有失败过一万次，我只是成功地发现了一万种行不通的方法。"

爱迪生是伟大的发明家，先后做了无数次实验，但并不能保证每一次实验都获得成功。这当然不是因为爱迪生的操作能力有问题，而是因为干扰实验结果的因素太多了。正是因为难度大，实验过程才更有研究价值。科学实验如此，教育转化"成长受阻"型学生亦是如此。

当然，爱迪生不会白做任何一次实验，而是主动地把前一次实验变成后一次实验的基础。这其中一个最为关键的因素是，前一次实验即使是失败（"无意挫折"和"有意试错"）的，但依然是有效的——第一次实验可以帮助消除第二次实验中相同的失败因素，或者可以给第二次实验提供有价值的参考数据。

据此，我们可以归纳出有效的失败的概念：所谓有效的失败，是指通过发掘当下挫折或试错中的价值而逐步实现预期目标的方法论和思维方式。通过分析有效的失败的概念，我们不难发现有效的失败的价值。

一方面，有效的失败具有非认知价值。

对于所有人来说，失败不可避免。但毫无争议的是，我们可以从失败中学习。由此可见，我们可以以更积极的态度看待失败，并将当下的失败转化为未来的成功。其实，不管是失败，还是成功，只有发掘其中的价值，才能使未来的发展更具持续性。

另一方面，有效的失败具有认知价值。

在有效的失败里，失败和成功具有共同的本质属性，那就是是否具有有效性。失败具有有效性，我们可以从一个失败走向一个成功；成功不具有有效性，我们可能从一个成功走向另一个失败。也就是说，成功与失败都是暂时的，可以相互转化，都能有助于未来的学习，其根基就是看我们是否能从中挖掘有效的认知价值（如下图所示）。同时，这也决定了有效的失败是一种动态思维，并不是静止不变的。从这个角度来说，有效的失败同样是一种方法论。

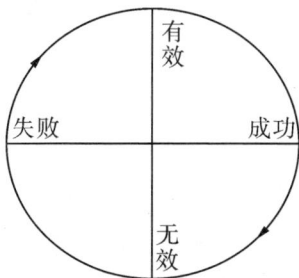

图：有效、失败、成功、无效

从有效的失败的角度来说，爱迪生的科学实验无所谓失败，因为每一次的实验都是一次必要的探索——通过不断探索现有设想的合理性来寻找合理性的设想。也就是说，科学实验需要一系列循序渐进的尝试，并在此基础上达成预期目标。

事实上，我们同样可以把教育转化问题学生看作是科学实验——寻找困扰学生健康成长的干扰因素及其解决办法。教育转化问题学生的过程就是实验过程；前一阶段对问题学生的教育转化能为后一阶段对问题学生的教育转化提供有价值的参考数据；教育转化问题学生就是科学实验，需要我们不断探索，直至找到困扰学生健康成长的干扰因素及其解决办法。当我们把教育转化问题学生看作是科学实验的时候，我们便找到了一个明确的教育转化问题学生的思路，并引起诸多教育观念的变化。

首先，科学实验要求操作规范，教育转化问题学生同样要求操作规范。

有一则毕业20年的学生殴打老师的新闻引起了全国人民的广泛关注。有位男子专门蹲守在街道边，待20年前教过他的张老师经过时，便将张老师的电动车推到路边的田地里，并先后对张老师辱骂、扇耳光达20分钟之久，同时还让同伴拍摄视频；而张老师在被打后不仅没有还手，还喏喏地说"对不起"。

这名男子为何这么痛恨当年的老师呢？

据男子说，当年上初中时因家庭贫困没钱没权，被张老师任意欺负、践踏尊严，张老师还多次把他踩在脚底下连踹十几脚并踹头，这对他的心灵造成了严重的伤害。与此同时，一些自称张老师的学生的人说，他们当年上学时也被张老师打得很惨。

目前，张老师尚未对此事发声。不过，我们基本可以判断出，张老师当年确实打过学生，而男子说自己被打的原因是"家庭贫困没钱没权"，这样的话基本不可采信——至少在我身边，从未遇到或听说老师会因学生贫困没钱没权而殴打学生的令人发指的事情。

此外，不得不说的是，从无数事实来看，那些让老师动怒甚至动手的学生，肯定是在行为习惯上出现严重问题的学生。当然，我这样说，并不是为老师开脱。恰恰相反，我是想告诉老师，即便学生非常过分，老师的言行也不能出格——不骂不打不侮辱，能自己处理的就处理，不能自己处理的就请求学校和家长支援，但千万不能突破底线。

也就是说，老师在和学生交往时，必须注意"操作规范"，怎样是好的，就严格按照好的方式去做。就像科学家做实验一样，他们做不成实验，但也不能随意改变实验仪器的使用方法，更不能把实验仪器砸了——熄灭酒精灯时，就要用灯帽盖灭，而不能用嘴吹灭；用蒸馏烧瓶时，就要加些沸石，以防爆沸；让金属钠与水反应，就要切绿豆粒大小的钠粒，否则真的会爆炸……操作规范，是科学家做成实验的基础；言行规范，是班主任教育好学生的前提。教育转化问题学生，尤其需要更规范的操作。

其次，科学实验需要不断探索，教育转化问题学生同样需要不断探索。

爱迪生为了发现合适的灯丝材料，前前后后约尝试了一万次。这种不断探索、永不放弃的精神，在教育转化问题学生方面尤其需要。不得不承认，对于问题学生的教育转化来说，一系列问题都因为班主任缺乏不断探索、永不放弃的精神而出现。

比如，在问题学生教育转化的过程中，班主任极容易出现两种情况：一是觉得学生油盐不进、顽固不化，不管怎样都教育转化不了，实在没有其他办法了，于是毫无争议地停止探索了；二是觉得该做的都做了，自己问心无愧，任由问题学生自生自灭，只要问题学生不是太过分，于是心安理得地把问题学生放弃了。

对于第一种情况来说，班主任可以反问自己：除了动之以情、晓之以理、约之以法三板斧之外，我们用了多少方法？事实上，这三种方法是教育转化问题学生的最基础的方法，也是被经常且广泛采用的方法。但除此之外，班主任是不是还采用了其他方法？就像爱迪生一样，在确定一种方法无效的同时，班主任是不是已经开始寻找另一种方法了呢？

对于第二种情况，在面对问题学生时，班主任用心对待，取得心理上的安慰，这是人之常情。但是，如果将问题学生的教育转化当成是一个课题，那么研究课题的目的在于解决问题，问题一日不解决，那么课题的研究就永不停止，班主任是否有这种研究精神？事实上，如果只求得心安理得，那么班主任是很难做好教育工作的。

再次，科学实验会出现正常偏差，教育转化问题学生同样会出现偏差。

在做科学实验的时候，即便实验人员的操作非常规范，也难以做到让两次实验结果完全一致。人员还是那些人员，仪器还是那些仪器，试剂还是那些试剂，操作还是那些操作，为什么就不能做到让两次实验结果完全一致呢？

这就是科学实验中的正常偏差。

比如，以称量 0.01g 氯化钠为例，我们即便用非常精密的分析天平来称量，也很难做到两次称量结果完全相同，或者说每次称量结果都绝对是 0.01g。为什么会出现这种结果呢？事实上，对于非常精密的实验，实验环境温度的高低、风力的大小、光线的强弱等都会对实验结果造成影响，更不要说实验人员的操作了。

正因如此，不同的班主任在教育转化问题学生时，即便采用相同的办法，也很难达到完全相同的效果，这里有班主任的差异、学生的差异，当然还有环境的差异。也就是说，当我们采用某种方法教育转化问题学生时，如果没有看到明显的教育效果，那么不要轻易否定这种方法，而要进一步思考是否运用得当、是否适合学生、是否遭遇阻碍因素等，最终达到优化教育方法的使用的目的。

以尊重问题学生为例，有些班主任在批评问题学生时，面色铁青，声如炸雷，甚至还会指指点点。其实，在批评学生时，班主任是可以做到尊重的，面容温和些，让学生坐一下，声音小一点，不要在课堂上……批评和尊重并不矛盾，当我们认为尊重没有用的时候，实际上恰恰说明我们没有使用好尊重，以致出现了太大偏差。此时，我们需要做的，不是去否认尊重，而是要反思使用尊重的方式。

最后，科学实验有规律可循，教育转化问题学生同样有规律可循。

探究性科学实验，一般都需要控制变量，一次只变化某个因素，其他因素不变，从而达到探究该因素的影响的目的。如果一次变化两个因素，那么就无法确定每一个因素的影响，这是探究性实验必须要避免的误区。控制变量，就是探究性实验需要遵循的规律。

那么，教育转化问题学生有规律可循吗？

我觉得教育转化问题学生，必须遵循三大规律。

第一规律：关系规律。

不管哪种类型的问题学生，我们都需要和他们建立起相对友善的关系，其底线是师生之间不是敌对的。一旦师生进入敌对的关系，那么我们所做的任何工作都将是白费的，因为班主任此时的真实想法可能是如何让学生从班级消失，学生此时想的是班主任可能又在"整我"。

也就是说，班主任和那些问题重重的学生保持亲密的关系是很难的，任何让班主任与问题学生保持亲密关系的要求也是非人性的。但这并不意味着班主任不能和问题学生保持普通、和谐、稳定的师生关系。保持非敌对的师生关系，是教育转化问题学生的基础。这就是关系规律。

第二规律：了解规律。

问题学生的类型非常多，造成这些问题的原因更是五花八门。我们要想帮助问题学生走出成长困境，就必须找到那些深层次原因，以便能对症下药。这就是了解规律。

对于了解规律，说起来容易做起来难。

比如，以学生厌学为例，学生到底为什么厌学？这里面的原因太多了，学习压力大，学习效果差，学习信心不足，没有学习目标，在学校受到欺凌，老师不公正对待，父母关系不稳定，同学关系紧张，课堂教学无趣，网瘾严重，有了求学以外的人生路径……这么多的原因，我们是否能够准确把握？这是其一。

其二，我们如何去了解这些原因呢？观察、访谈、问卷？事实上，我们并非专业的心理咨询师，所掌握的了解学生的科学方法并不多，这导致我们更趋向于凭经验了解学生，而这既是了解学生的参考，也是了解学生的陷阱。从这个角度来说，我们能把观察、访谈、问卷等基本方法用好，就已经非常不错了。

第三规律：支持规律。

教育转化问题学生，最大的难度在于给学生提供有效的支持——一种可给予学生新的体验的平台。学生有了与以往不同的体验，才能在内心深处产生真正改变的可能，这是治本的方法。我们可将这看成是教育转化问题学生的支持规律。

通常情况下，我们给予学生的支持是什么？说！除了说，还是说。在"不断说"的情况下，学生几乎没有任何新的体验。但是，有时我们除了说以外，似乎真的再也没有其他的支持了，更别说有效的支持了。

当然，班主任每天都要承担大量的工作，实在没有闲暇为学生提供更丰富的支持。而这，正是"成长受阻"型学生难以转化的根源所在。如果班主任在比较轻松的状态下工作，那么可能更有精力和智慧来思考如何给学生提供支持。事实上，我们是可以做一些事情的。

比如，以英语学科厌学为例，我们是否可以在班级开展英语角、英语演讲、英语电影欣赏等活动？如果是个性化问题，我们是否可以建议家长多陪伴孩子观看英语动画、电影、话剧等？一方面为孩子创建英语学习的环境，另一方面让英语学习有更多乐趣，看能否帮助学生产生一些正面的学习英语的体验。

为学生寻找科学有效的支持，是教育转化问题学生最具挑战性的工作，也是教育转化问题学生最有力量的工作，值得我们慢慢琢磨。

　　教育转化问题学生，其难度是毋庸置疑的。正因如此，我们需要有实验研究的精神，需要用有效的失败的思维和方法，从而优化每一次的实验效果，同时充分挖掘每一次实验的价值，从"成功发现一万种行不通的方法"开始，直到寻找到一种行得通的方法，把每一步的工作都做得更加坚实，让每一步的前行都留下脚印。

第 五 章

联通家校，

强化问题学生教育合力

1. 想要家长配合，怎么办？

教育的奇妙之处在于，她让人无论如何都无法摆脱绝望的阴影，又在某个瞬间给人柳暗花明的希望。

这是我发给家长的一条信息：

小东（化名）妈妈好！小东这孩子，性格非常开朗，同学关系特别好；在为人处世方面表现相当棒，我比较看好他，希望他将来能有更大作为。当然，小东这孩子也有一些急需改进的不良习惯。比如，小东今天又在午休时吵闹。之前，小东也多次出现过类似问题，我已经做了一些教育工作。烦请您也关注下，给孩子做做思想工作，以免孩子因违纪次数超过三次而被取消午休午餐资格。此外，孩子目前还担任组长，请您多鼓励孩子以更高标准要求自己，给组员做出更好的示范，带领组员共同成长。非常抱歉，我现在还不能独立帮助孩子解决这些成长问题，见谅。同时，我期待我们能携手努力！辛苦您了！谢谢！

实话实说，我不喜欢，不愿意，也不擅长主动和家长交流有关学生的问题——一方面认为这样做有告状嫌疑，极有可能给师生关系添堵；另一方面觉得这样做表明班主任已经黔驴技穷了，而我不是这样轻易就认输的人，虽然学生的成长需要家校一起保驾护航。

正是基于这样的考虑，我一般不会给家长发这样的信息，除非对学生的处理已经超出了我的职责范围。比如，上述信息中的小东，已被年级值班老师登记在案，如果累计次数超过三次，那么小东就要被取消午休午餐资格了——这既超出了我的职责范围，也是保证相关制度权威性的需要。作为班主任，我肯定不能带头破坏学校午餐午休制度，因为学校午餐午休制度并不存在什么明显的不合理的地方。此外，我有责任、有义务将此事明确告知小东家长，以免小东将来被取消午休午餐资格的时候，小东家长对此毫无了解，否则我就是失职的。

如此，我不得不给小东家长发上述信息了。

当然，我在发信息的时候，非常慎重地考虑了以下四个方面——

首先，客观全面呈现学情。

俗话说，金无足赤，人无完人。每一位学生都拥有鲜活的生命，都有让人艳羡的闪光点，也有令人感到忧虑的不足之处。教育的魅力在于追求完美；教育者的困扰也在于，教育追求完美。正因如此，更多教育者往往自然而然地就会盯着那个"黑点"看，而忽略了大面积的白净。看问题要一分为二，看学生更要一分为二。

当然，不同的学生，遭遇的成长问题的数量是不一样的，遭遇的成长问题的严重性也是不一样的。不可否认，有些学生的成长问题能被写成一篇一万字的长文，而他们的闪光点却屈指可数，甚至是要借用放大镜、望远镜、显微镜等器具才能略微看到的。即便如此，我们也不能因为学生遭遇的诸多成长问题而忽略他们的任何闪光点。这既是客观的需求，也是全面的需求。我们不能因为不良情绪而回避学生的优点、放大学生的缺点。

在我发给小东家长的信息中，我提到了小东开朗的性格、融洽的人际关系、出色的办事能力等优点，也明确指出小东的纪律意识淡薄的问题，同时也提到小东担任组长的事实。客观地说，这条短信里呈现了小东的三个优点、一个缺点和一个努力方向，既客观，也全面。

其次，合理合情反馈问题。

客观地说，绝大多数学生都遭遇着这样那样的成长问题。不同的是，一些成长问题刚好落在学校常规考察的范围内，就特别容易引起老师和家长的关注；而一些不在常规考察范围内的问题，就比较容易被忽视。而这些容易被忽视的问题，往往更严重。

比如，学生时常不交作业，我们容易发现，也急于解决；学生患有轻度抑郁症，我们很难发现，同时也不会立刻着手去解决。事实上，患有轻度抑郁症的问题比时常不交作业的问题严重多了，但是并不能让我们产生更多的不良情绪。这实在是值得思考的问题。

从这个角度来说，我们在呈现学生的问题时，要尽可能合理，不要给家长一种"天都要塌下来"的糟糕感觉。其实，把学生暂时遇到的成长问题放到整个生命进程中看，一些问题根本就不是问题，或者说一些当时看似要毁灭学生整个人生的问题也是可以解决的问题。

做到了合理，才能做到合情。合理合情的问题反馈，也会在一定程度上引起家长的焦虑情绪，但远远不足以让家长感到恐慌。有人说，我们不让家长感到一些恐慌，那么家长就不会在意，可能会把班主任的反馈当成耳边风。对此，我们不用担心——自己的孩子，有哪位父母不希望他们成人、成才、成事？反映问题要合理合情，但传播恐慌着实没有必要。

在我发给小东家长的信息中，我只是呈现了小东在午休期间多次吵闹的事实，并未对这个事情进行发散性思维。当然，我明确告诉小东家长，小东可能会因为违纪次数太多而被取消午休午餐资格，这也是陈述事实。同时，我也说明自己已经做了一些教育工作的事实。如此一来，我就做到了合情合理反馈问题，因为我并未进行任何恶性发散（由纪律意识淡薄而联想很多有关学生未来的不良的可能性）、添油加醋（用更严重的词语描述事实）或歪曲事实（把听到的、想到的、未经核实的事情都当作实际发生的来描述）。

再次，千万不能推卸责任。

每一位家长都非常希望孩子品学兼优，每一位班主任都希望学生出类拔萃。正因如此，家长在教育孩子方面会竭尽所能，班主任在引导学生方面会尽职尽责。在这一点上，任何人都不用怀疑家长和班主任的真诚。

当然，希望孩子好并不代表真正能把孩子教育好——教育几乎是世间最具挑战性的工作，因为她面对的是鲜活、复杂且与众多因素交织在一起的人。家长和班主任教育孩子的真诚坚如磐石，但教育孩子的智慧不一定丰富多彩，尤其是在面对问题学生时。

当家长和班主任都对孩子的教育束手无策的时候，既是家长和班主任对彼此寄予更高期望的时候，也是家长和班主任最容易相互埋怨的时候——家长埋怨班主任没有做好老师的那份工作，班主任埋怨家长没有尽到家长的那份责任，双方都不约而同地把造成孩子问题的原因或未能较好解决孩子问题的责任推到了对方身上。

当到了这个节骨眼的时候，家校合作极容易被撕得粉碎。此时，家长不能把责任推给班主任，班主任也不能把责任推给家长；相应的，家长需要担起家长应尽的责任，班主任应该担起班主任应尽的责任，双方都实在不适合再去"踢皮球"了。

在我发给小东家长的信息中，我诚恳地说："非常抱歉，我现在还不能独立帮助孩子解决这些成长问题，见谅。同时，我期待我们能携手努力！辛苦您了！谢谢！"这段话，我至少表达了三点意思：一是说明自己做了工作，二是表达愿意承担相应教育责任的意愿，三是期待家校协作努力。我既没有推卸责任，又提醒家长要尽到责任。

最后，确确实实看到希望。

教育的奇妙之处在于，她让人无论如何都无法摆脱绝望的阴影，又在某个瞬间给人柳暗花明的希望。不管是家长，还是班主任，都需要坚守教育的这份理想主义和浪漫主义。也就是说，问题学生真的可能在某个节点上就被我们教育好了，我们千万不能主动放弃，要看到任何一丝一毫的希望，要付出哪怕一点一滴的努力，不仅要给自己希望，也要给对方希望，不仅要自己努力，也要让对方看到自己的努力。

当然，在这个永远看到希望的进程中，急躁是希望的杀手。成功的教育，是人、方法、事件、时间、环境等多方因素的完美契合。失去了多方因素完美契合的教育，不能直抵学生心灵，谈不上让学生触动，当然就不能让学生"有所悟，有所变"了。

教育的难，正是难在使各方因素契合上。我们在一个又一个事件中，不断揣摩学生的心理，不断尝试新方法，不断寻求更合理的时间节点，不断创设适宜的环境，就是为了让人、方法、事件、时间、环境等多方因素完美契合。客观地说，我们不断创造这种机会，就有可能出现这种机会，这也是我们确确实实要看到希望的原因。

不过，这可能是一个漫长的过程，我们需要等待更合适的契机，需要寻找更科学的方法，需要积淀更正向的影响。显然，这个过程快不得，我们当然也急不得。如此，在教育转化问题学生时，我们就仿佛一次远行，每前进一步，我们就离目标更近一步，不停地前行，一如既往地感到离目标越来越近，平和且充满希望。

在我发给小东家长的信息中，我呈现了小东的三个优点、一个缺点和一个努力方向，既做到了全面客观反馈问题，又让家长看到了孩子的优点，特别是那句"我比较看好他，希望他将来能有更大作为"，一定能够给家长带来"看到希望"的温暖感觉。

……

在写作这篇文章的时候，我正好看到哈尔滨市某小学一年级家长写给学校的公开信，家长在信中控诉了班主任老师季某用教鞭殴打学生、让学生花式罚站、用胶带粘住孩子的嘴巴、让犯错的孩子游班等违反师风师德的事情。说实话，如果这些事情均属实的话，那么我会感到特别惊恐，一是因为季某毒害孩子的手段之残忍，二是季某与家长的沟通之糟糕。在处理问题的过程中，季某完全没有顾及孩子的成长和家长的感受，既摧残了孩子，也伤害了家长。

从这个令全民关注的事件来看，班主任与家长的沟通，必须守住两条底线。

一方面，对于孩子，班主任的任何言行都必须基于孩子的成长需求而进行。如果班主任只是为了发泄不满情绪，那么家长很容易就能感觉到那份孩子被抛弃、被厌恶、被诅咒的绝望。当家长只是感觉到班主任在发泄不满情绪而无视孩子的成长时，家长实在不能再"配合、支持班主任的工作"了，要么选择对班主任不理不睬，要么选择报复班主任的乱作为。

就像季某一样，那些让人瞠目结舌的伤害孩子的方法，任何一位家长都是不能接受的。面对如此伤害孩子的班主任，家长不反抗，还能做什么呢？也就是说，在班主任和家长沟通的过程中，家长只要还能感觉到班主任对学生的爱，一般就会"配合、支持班主任的工作"。

另一方面，对于家长，班主任必须体会到他们的痛苦心情。一般来说，孩子出问题，家长肯定是非常焦虑的；对于家长的焦虑，班主任即使做不到感同身受，也不能完全无视。事实证明，家长对孩子问题的焦虑，远远比班主任的焦虑更长久、深刻。当班主任完全无视家长的痛苦心情时，家长是非常容易崩溃的，就会更倾向于把自己的焦虑变成愤怒。

比如，一位学生的妈妈曾对我说，她几乎天天都要失眠。为什么呢？为了这位学生，这位妈妈舍弃了工作，做起了家庭主妇。但是，当一想起孩子厌学的事情时，她就觉得自己特别失败，顿时就会感到特别痛苦。如果此时我不管不顾，借着列举学生问题的同时顺带着把家长数落一遍，那么这位家长是不是立刻就会崩溃？

在教育转化问题学生的过程中，我们太需要家长这个盟友了。家长一旦不能理解我们，不仅不能配合、支持我们的工作，相反还会帮倒忙，这样的结果显然是和班主任的初衷相违背的——一旦失去了家长这个盟友，班主任不仅要教育问题学生，还要时刻提防被家长抓到什么把柄，以免遭遇在家长撕破脸皮后尊严扫地、职务不保、伤身破财的风险。

为此，班主任实在有必要守住顾及孩子的成长和家长的感受这两条家校交流底线，要尽最大努力把家长变成我们的盟友，千万不可把家长推向我们的对立面，让他们在教育转化问题学生的道路上产生更多阻碍。面对问题学生，班主任和家长这对"难兄难弟"，唯有相互理解、相互取暖、相互扶持，才能在教育转化问题学生的长远道路上形成稳定持久的合力。

2. 孩子遭遇挫折，怎么办？

在子女成长的路上，有无数在起点处犯错的家长，有无数在中途不断改进的家长，有无数在终点处愧疚的家长。这是班主任要了解的常态，也是班主任要具有的常识。

一、情景再现

小杰（化名）是一名七年级男生，刚入学时是我担任他的班主任；在后来的分班中，小杰被分到了另外一个班级，但是我依然时不时地关注着小杰的情况。在七年级上学期月考、期中考试和期末考试中，小杰均取得了班级第一的优异成绩，同时在年级高居前二十名，是六个同类平行班级中的佼佼者。另外，小杰唱歌唱得好，普通话说得好，在学校几次大型活动中都登台献唱，并经常主持学校升旗仪式及各类活动。

客观地说，七年级上学期的小杰，表现非常优秀。对于这样的学生，班主任自然非常重视，除了邀请小杰担任班干部之外，还有意让小杰加入特别学习小组，以帮助小杰创建更积极主动的学习环境。当然，小杰也有缺点，比如，同学们都说小杰"太高调，爱炫耀"。

就在老师、家长、同学都对小杰抱有更大期望的时候，进入七年级下学期的小杰，其成绩已不是班级第一了，但依然能保持在班级前五名的位置。与成绩名次变化相应的是，小杰做了一件怪事：在无意中获得同学QQ密码的情况下，私自登录同学的QQ，并把同学的照片发到班级群里。

与此同时，老师们普遍发现，小杰闷闷不乐，见到老师不再主动打招呼了。

小杰爸爸毕业于某著名交通大学，获得研究生学历，当年以三分之差与清华大学失之交臂，如今在某著名电子企业工作，特别擅长英语，在日常交流中会经常穿插一些英语单词、短语或句子，对小杰的要求比较高，采用的教育方法有时比较"另类"，比如让小杰在七年级就开始做英语高考试题。在家长会或班级公开场合，小杰爸爸多次提到当年高考的成绩、特别擅长英语、要求小杰做英语高考试题等事情。小杰妈妈也毕业于某著名大学，现任某著名房地产企业高管，主要照顾第二个小孩。

八年级开学伊始，学校按照几次重要考试成绩，从六个同类平行班级中抽取十二位学习成绩优异的学生补充到重点班级开展分层教学。不巧的是，小杰的成绩刚好处于第十三名，未能如愿进入重点班，但却有四位同班同学进入了重点班。

在得知消息后，小杰爸爸怒不可遏，气冲冲地跑到学校讨说法，怀疑学校在分班成绩上做了手脚，声称要为小杰创造更加公开、公正、公平的成长环境；在确认成绩无误后，小杰爸爸又要求学校重新组织分班考试，说小杰在暑假做了充分准备，相信小杰有实力进入重点班。小杰爸爸扬言，如果学校不答应他的要求，他就找媒体，就到教育局投诉。而这事，惊动了班主任、年级长、教学处主任及副校长。

后来，在入学第一周，八年级组织了入学测试，小杰的成绩已经处于班级十名之外了……

二、问题分析

从小杰的角度来说，小杰学习认真，取得相对优秀的成绩；小杰多才多艺，拥有很多展示平台。客观来看，小杰进入新班级后，拥有丰富的成功体验，完全可以变得更自信、更阳光，并进入健康成长的良性循环。然而，事实恰恰相反，小杰不仅在成绩方面退步了，而且还出现了涉及品行的问题——侵犯别人隐私、不再主动向老师打招呼。

从小杰父母的角度来看，两人均毕业于名校，是曾经的学霸；两人均在著名企业工作，有优渥的待遇。正因如此，小杰父母，尤其是小杰爸爸，不仅对小杰的学习充满自信，而且对小杰的学习寄予厚望。这在无形之中给小杰造成了较大的学习压力。

另外，小杰受其爸爸影响，比较爱面子，喜欢显摆。具有这种性格的人，如果能一直走顺风路的话，那么可能会一帆风顺，因为他们喜欢显摆，同时也有显摆的资本；一旦走上逆风路，那么就极容易一蹶不振，因为他们没有任何显摆的资本，会觉得没面子，抬不起头。

不幸的是，小杰遭遇坎坷，不仅成绩有所下滑，而且未能如愿进入重点班，这对小杰来说是严重的打击，对小杰爸爸来说也是严重的打击，因为他们都会觉得颜面尽失。这种尴尬的局面，不仅会影响父子俩的当下，而且还将长期影响父子俩。

特别需要注意的是，小杰爸爸这次到学校讨说法的行为，虽然声称是为小杰创造更加公开、公正、公平的成长环境，但实际上就是为了发泄不良情绪或者攫取不正当权益。显然，小杰爸爸给小杰做了实实在在的反面教材——在遭遇挫折时，不是冷静地分析客观原因，积极地寻找解决办法，而是采取丧失底线的胡闹行为，这会不会影响小杰以后处理类似问题的思维方式及行为方式，让小杰也变得如此不理智？在这种关键时刻，父母的言行，子女都看在眼里，也会记在心里。

三、处理建议

为了从根源上彻底解决问题，班主任可采取以下方法——

首先，关注小杰的情绪变化，找机会给予小杰更多支持。

小杰是本次事件的核心人物，所有问题都聚焦于小杰。作为一名七年级学生，小杰既要调适自己的情绪，又要顾及家长的感受，承担了很多压力。此时，班主任需要关注小杰的情绪变化，找机会尝试给予他更多支持，多倾听，多安慰，多站在小杰的角度来思考问题，要让小杰感受到身后站着很多支持他的人。此刻，班主任不要对小杰说太多"道理"，也不适于说太多关于他学习状态差、爱面子、喜欢显摆等问题——等小杰情绪稳定后，班主任可以找小杰说这些问题。

其次，与小杰爸爸做一次沟通，梳理好当下小杰面临的阻碍。

从这件事情来看，小杰爸爸深陷自身的失望、难堪、愤怒的不良情绪中，不仅未能有效帮助小杰渡过难关，还给小杰造成了新的困扰。小杰爸爸找老师讨说法，一气之下口不择言，然后一拍屁股走人，可曾想过小杰要面对这种沟通恶果？当然，领导和班主任不会计较，更不会因此而歧视小杰，但小杰自己会不会觉得有点隔膜？

另外，未能进入重点班这件事情，到底会对小杰产生哪些阻碍？这是需要班主任和小杰爸爸坐下来好好商谈的话题。当班主任和小杰爸爸都非常清楚小杰面临哪些阻碍的时候，才能联手帮助小杰跨越阻碍。当然，在和小杰爸爸面谈的时候，班主任要清楚可以说哪些话，不能说哪些话，一不要奢望通过直言就能让小杰爸爸立刻顿悟，二不要故意"说出真相"让小杰爸爸难堪——面谈，更适宜采用相对温和的策略。

最后，见微知著，以全体共勉名义警示相应家长。

做家长不易，做优秀家长更不易。小杰爸爸存在的问题，并非个案——有多少家长因为子女优秀而觉得面上有光，有多少家长因为子女落后而觉得颜面无存；有多少家长在子女身上寄托了自己的梦想，有多少家长按照自己的标准来塑造子女……

从这个角度来讲，班主任不应有批判小杰爸爸的心理，而应站在"帮助家长解惑"的高度，尝试引导家长从根源纠正某些不合时宜的教育观念，帮助家长寻求更科学的教育观念，从而间接帮助学生创造更健康的成长环境。

经过思考，班主任可以找个机会在家长群里发送类似下面的信息——

孩子不是父母的面子，也不是实现父母梦想的机器，而是具有鲜活生命的独立个体。在问题面前，父母先要顾及的是孩子的情绪，而非自己的情绪，理解孩子遇到的障碍，帮助孩子渡过难关。如果父母先顾及的是自己的情绪，势必会出现一系列不理智的言行，不仅不能帮助孩子跨越成长障碍，还会给孩子造成新的障碍，给孩子带来新的困扰，这是父母的大过错。以后遇到问题时，父母可以想一想，是不是过分考虑自己的面子了，是否过分考虑让孩子为自己实现梦想了。开学第一天，做父母不易，我们共勉，一起学做合格父母。

这种委婉的共勉方式，势必能引起某些存在相应问题的家长的警觉和反思。当然，这只是一种方式而已，虽然能丰富与家长交流的方式，避免面谈的尴尬，增添解决问题的可能性，但并不代表就能从根源上成功解决问题。

四、存在误区

本次事件主要因为小杰爸爸的"面子心理作祟"。对于此类问题的处理，班主任至少不能走进两个误区——

一方面，班主任要注意自己的言语分寸。

小杰爸爸已经怒气冲冲地来学校讨要说法了，这说明小杰爸爸明显出现了"撕破脸皮"的言行或做好了"撕破脸皮"的准备。此刻，班主任以前与小杰爸爸之间建立的和谐的家校关系，已经非常脆弱了；或者说，在孩子利益面前，小杰爸爸已经顾不上与班主任之间的家校关系了。一般情况下，孩子在班里，父母都会顾及班主任的感受；但此时此刻，小杰爸爸可能不会考虑那么多了，甚至会有意对班主任的言语挑刺。

因此，班主任在与小杰家长交流时，必须注意自己的言语分寸，不能因为言语失当而产生新的问题，这是其一。其二，在这种极端情况下，多数家长都会"偷偷地"录音的，班主任若有不当言语，被家长抓住把柄在网络上炒作一番，就会给自己及学校带来难以消除的负面影响。可见，班主任在与"讨说法"的家长交流时，心中要有法规，言语要有法可依，知道可以说什么，不能说什么。

另一方面，班主任要帮助家长考虑学生的感受。

不管家长表现如何糟糕，孩子毕竟还要在班里学习；即便孩子转学，也并不是一蹴而就的事情。从这个角度来说，家校沟通的不良后果，实在不应该由学生来承担，也不能给学生的成长带来新的阻碍。

鉴于此，班主任在与家长交流时，不仅要考虑到孩子的感受，而且要提醒家长考虑孩子的感受。比如，班主任可以问家长"你这样做，到底能给孩子带来什么""孩子的挫败情绪改善了吗""孩子的状态会变好吗"等问题，通过这种提醒式追问，把家长的心思引导到问题的本质上来，而不是被旁枝末节的问题笼罩。

当然，家长在向学校讨说法时，可能已经对包括班主任在内的学校老师抱有抵触、质疑甚至敌视的心态，不会轻易听取班主任的建议。对此，班主任要做好心理准备，在把握好言语分寸的基础上，尽人事听天命。

五、结束语

人们常说，每一个有问题的学生背后，都站着有问题的家长。事实上，做家长并不像想象的那么简单，很多家长都在不断调整、改进，但仍然很难成为合格家长。从这个角度来说，每一个有问题的学生背后，其实都站着特别焦虑的家长。

正所谓"病急乱投医"，家长在异常焦虑的情况下，确实容易出现一系列不理智的言行。其实，家长的焦虑，有很大一部分源自"对子女的过高期待"。家长生存的不易，家长对成功的渴求，家长对未来的希望，都会转化为对子女的过高期待，稍遇不顺就会立刻将过高期待变成极度焦虑。这种"对子女的过高期待"是深入骨髓的，并不会轻易改变。

在子女成长的路上，有无数在起点处犯错的家长，有无数在中途不断改进的家长，有无数在终点处愧疚的家长。这是班主任要了解的常态，也是班主任要具有的常识。

此外，诸如上述案例，班主任在以后开家长会时，要多给家长讲，通过这些鲜活的案例，让家长看到班主任是怎么思考问题的，同时也让家长看到自己的不理智言行可能给子女带来多么大的阻碍。相对于干巴巴的几个观点，家长更需要这种实实在在的案例。

3. 孩子寻求帮助，怎么办?

一个孩子，从充满自信的那一刻起，世界都会为他让路。让我们重视对孩子的自信心的培养吧。

一、情景再现

"爸爸，我今天早上穿不了白鞋了，怎么办?"

"你的白鞋呢?"

"昨天下午放学时下大雨，我的鞋子被浸湿了。"

"那你都不知道避避雨再走?"

……

"爸爸，我这次语文考得比较好!"

"说来听听。"

"首次进入班级前十名!"

"班级前十? 我还以为是班级第一呢!"

……

"妈妈，我写完作业了，来帮我签个名吧。"

"我的天呢，你看你这字，怎么这样潦草啊?"

"今天作业有点多，我有点着急。"

"那你昨天呢? 我就没看你哪天能写得工工整整!"

……

"妈妈，我想参选主持人。"

"那就报名啊!"

"我怕我录取不上。"

"你还有没有一点出息?"

……

二、问题分析

在家校沟通中，我们常常要告诉家长"怎么做"。类似于上述四个亲子对话的场景，频频出现在我们周围，透过这些场景来看，我们不难得出一个结论：孩子的自信心，就是这样慢慢被家长磨灭的。

在第一个场景中，孩子之所以给父亲说起"白鞋"的事情，可能是因为学校有"需要穿白鞋"的规定，孩子需要父亲的帮助。但是父亲的回答，不仅没有充分考虑孩子的感受，而且还充满抱怨——批评孩子连这么简单的事情都处理不好。显然，对孩子来说，这是一种打击。

在第二个场景中，孩子的语文成绩首次进入班级前十名——对孩子来说，这是不小的成就。于是，孩子怀着喜悦的心情向父亲报喜，但是父亲不仅没有鼓励，而且狠狠地泼了一盆冷水——调侃孩子并未取得班级第一。事实上，孩子获得了前所未有的进步，父亲非常有必要好好鼓励孩子一番，以增强孩子的学习信心。

在第三个场景中，孩子因为作业较多，写得比较急，以致字迹比较潦草。其实，这也算正常现象。然而，母亲指出孩子的字迹潦草的问题，孩子解释了一句，这挑起了母亲的火气，于是母亲说出一句"一棍子彻底把人打死"的话——我就没看你哪天能写得工工整整！客观地说，这句话否定孩子之前的所有书写，具有摧毁性力量。

在第四个场景中，孩子想参选主持人，但是没有什么底气，于是给母亲说说。显然，孩子是想从母亲那里得到帮助和鼓励。而母亲一句"你还有没有一点出息"这样的话，基本上把孩子在内心积攒的一点点信心都浇灭了。事实上，孩子对母亲是特别充满期待的。

……

孩子的自信从哪里来？

正如成人一样，个体自信的建立，是需要基础的——自己成功的体验；做事的端正态度；做事的有效方法；过往成功的经历；别人的正面评价；对自身实力的乐观判断；家人的支持和鼓励；自己对失败的正确认知，等等。与成人不同的是，孩子的自信比较脆弱，更容易被摧毁；同时，孩子的成功体验、正面评价、乐观判断、支持鼓励、正确认知等，都需要家长通过适宜的方式加以显现、强化，都需要家长用日积月累的点滴言行来奠定根基。

从这个角度来说，孩子的自信，既可以通过父母的正面言行逐步提升，也可以通过父母的负面言行慢慢消减。当然，自信的提升，是极其缓慢的过程；而自信的消减，往往非常迅速。鉴于此，孩子的自信一旦被毁灭，就很难再被重建。

三、处理建议

作为班主任，我们在与学生交往时，一般都会以"鼓励"为主，有时甚至会"无中生有"地给学生增添自信。但是，不少家长，在与孩子交往时，说话往往比较随意，其实"一不小心"就伤害了孩子的自信。因此，班主任在与家长交流时，一要引起家长的注意，二要通过具体实例引起家长的重视，为家长做出明确的示范。

在第一个场景中，家长可以怎么说呢？

白鞋湿润，孩子穿着不舒服，不能强硬让孩子穿；商店未开门，重新买白鞋也来不及。也就是说，孩子穿不了白鞋，已是必然。此刻，爸爸面对的问题，是要帮助孩子弄懂如何解决问题。爸爸可以先问孩子"怎么办"，然后根据孩子的回答给予建议，比如"孩子到校后就主动给班主任解释下"，或者爸爸主动给班主任联系说明情况，以免孩子背负心理压力。

在解决好这个问题后，爸爸当然可以和孩子沟通一些问题：比如，放学时如果下雨，可以先避避雨再走，以免打湿衣服和鞋子，引起感冒；比如，既然白鞋是昨天打湿的，孩子昨天回来后就要提出来，那时或许还来得及补买一双，提醒孩子要提前规划未来的事情。

当然，对于孩子来说，我们希望孩子心思缜密，但确实不能强求孩子把每一件事情都想得像成人那样周到，甚至比成人想得还周到。毕竟，我们也有"事后诸葛亮"的时候。此外，后半部分，到底是指导还是训斥，就看家长的语气如何——语气温和，就是指导；语气暴戾，就是训斥。指导和训斥，往往就在一念之间。

在第二个场景中，家长可以怎么说？

在孩子看来，语文学科首次进入前十，这是大功一件，否则也不会高高兴兴地向爸爸报喜。爸爸首先要了解孩子的这种喜悦心情——热烈的，阳光的，自信的。此时，爸爸可以先给孩子"烧一把火"——确实不错，值得庆贺，然后与孩子击个掌或点个赞，强化孩子的成功体验；然后"装作"非常好奇地问孩子：是如何取得这么大的成就的？这一步非常关键，因为这一步才能显现提升自信的底气和智慧——孩子掌握了提升语文成绩的有效方法，这对语文学习来说，是多么重要的强心剂啊！此举，有助于帮助孩子由一个成功走向另一个成功。

孩子取得了这么大的成绩，当然会有"骄傲"。这是正常的，爸爸可以提醒一下，也可以适当激将一下。但孩子毕竟是孩子，爸爸要掌握好分寸。

在第三个场景中，家长可以怎么说？

从妈妈的反应来看，孩子的书写应该比平时潦草，这是事实。妈妈当然可以因此来了解原因及提出建议。但是，妈妈实在不能说出"我就没看你哪天能写得工工整整"这句话，因为这句话彻底否定了孩子以前所有的书写，这对孩子的书写来说，是非常严重的打击，就像领导说我们从未做好任何一件工作一样。

看到孩子的书写质量下滑，妈妈不可避免地有一些不良情绪，但此刻不仅要忍住，而且还要鼓励下孩子："你之前的书写是比较工整的，特别是楷书写得就像字帖上印的，以后可以在'又快又好'上下功夫。"当然，妈妈即使不鼓励，也不能全盘否定。

在第四个场景中，家长可以怎么说？

孩子之所以和妈妈提起"参选主持人"的事情，就是因为"想去，但又有点犹豫不决"，特别需要妈妈的帮助和鼓励。此刻，妈妈的帮助和鼓励要实实在在，不能用"你是最棒的，我相信你"等没有实际价值的语言来敷衍孩子。

妈妈可以根据竞选主持人所需要的舞台风范、反应快捷、表达能力、知识储备等条件，和孩子一起分析他的优势和不足，帮助孩子客观认识自己担任主持人的素养，以供孩子做出理性选择。当然，学生主持，毕竟不是专业主持，妈妈在和孩子分析自身的优势和不足时，不要给孩子太高的标准，以免打压孩子的自信心。

如果孩子对主持确实有比较浓厚的兴趣，妈妈还可以重点突出、有意放大孩子的某一优势，以增强孩子的自信。在孩子确定要参选后，妈妈要帮助孩子做好全方位的准备，让孩子打有准备的仗，争取成功——旦成功，孩子对主持的自信，就会大大增强；当然，万一败北，家长也要做好安慰工作。

孩子的自信如同蝉翼般单薄、柔软、脆弱，经不起一点风吹雨打，需要家长细致入微地呵护。当然，家长要忙工作，还要应付很多事务，有时难免遇到烦心事，于是忍不住就会打击孩子的自信心。这也是人之常情，但不可否认的是，这确实会伤害孩子的自信心。

对于胆子偏小的孩子来说，伤害往往会更大，而且有时完全无法弥补。这就要求家长更要注意自己的言行，真正要想到、做到"呵护孩子的自信"。一个孩子，从充满自信的那一刻起，世界都会为他让路。让我们重视对孩子的自信心的培养吧。

四、教育策略

自信是一种反映个体对自己是否有能力成功地完成某项活动的信任程度的心理特性，是一种积极、有效地表达自我价值、自我尊重、自我理解的意识特征和心理状态，也称为自信心。如何培养自信？除了以上在亲子互动中培养，我们还可以从不同层面着手。

从学生层面说，培养自信的方法主要有以下几方面，班主任要在平时工作中，对学生有针对性地进行自信心的培养。

首先，学会通过自我反思来提升信心。

遭遇一件自认为缺乏自信的事情后，要及时进行自我反思：是什么事情让我感到自信不足？我当时的想法是什么？在这件事情中，我的优势和不足到底是什么？我的分析是客观的吗？我是按照"退缩"的方式还是"前进"的方式来处理问题的？我的处理方式让我产生什么样的感受？如果再遇到类似的事情，我会如何处理？

经过这种自我反思之后，我们会变得越来越理性，慢慢就能"找回自信"。

其次，学会寻找机会进入别人的视线。

在集体中，自信的人，一般都会暴露在 C 位，以展现自己的风采；缺乏自信的人，一般都会隐藏在角落，以避开别人的眼光。其实，我们可以在对外表、礼仪、内容等做充分准备的前提下，勇敢地进入别人的视线。此时，我们就会发现，大家交流的内容，我们也知道，我们并不是像自己想象的那样差；大家的关注点随时在变化，并不会一直停留在我们身上；换言之，我们也没有那么重要，别人才不会一直盯着我们呢。

进入别人的视线，是正视自己的开始；经常进入别人的视线，我们就会发现这很平常，并不需要忧心忡忡，一切都是那么自然、平和。而我们需要做的，就是把自己认为最重要的一面展现出来。

再次，学会抬头挺胸、意气风发地走路。

如果我们多观看几张舞台照片，我们就会发现那些舒展、挺拔的身姿，是多么自信。这也是很多人特别希望孩子能多登台演出的原因，因为这样的经历，确实可以给人带来自信。心理学表明，改变走路的姿势和速度，可以改变人的心理状态——抬头挺胸、矫健有力地走路，可以让人自信；畏畏缩缩、沉重缓慢地走路，则容易让人自卑。身体的动作是心灵活动的结果，请抬头挺胸、意气风发地走路吧。

抬头挺胸、意气风发地走路，你就会感到自信心在不断生长。

最后，学会通过坦白让阳光照进内心世界。

理智且深刻地观察自己内心世界的情况，然后以适当方式呈现出真实的结果，能让我们甩掉很多心理包袱，从而避免因为"极力隐藏"而变得忧心忡忡。比如，在自我演讲时，如果紧张，就可以说："非常抱歉，此时此刻我紧张得连话也说不出来！"在想寻求别人的帮助时，如果觉得对方确实有过人之处，就可以说："因为你在这方面确实比我更有见地，请你帮我看看这样做到底行不行。"

学会坦白，不要硬着头皮遮遮掩掩，反而能让我们以更自信的心态接纳自己。

从教师层面说，培养自信的方法主要有：

首先，帮助学生重新定义成功失败。

一位年轻记者在采访爱迪生时问道："爱迪生先生，您目前的发明曾经失败过一万次，您对此有什么看法？"爱迪生微笑着说："年轻人，我没有失败过一万次，我只是成功地发现了一万种行不通的方法。"

从这个故事可以看到，当用发展眼光来看待成功和失败时，成功和失败并没有严格意义上的区别，因为前一步的经历都将成为后一步的基础，我们需要重新定义所谓的成功和失败。由此，班主任可以和学生探讨，我们的目标是站在原来的基础上，一次比一次做得更好，每一次经历都不会是百分之百的失败。

其次，帮助学生寻找增强自信的途径。

学生自信的增强，需要一个适宜的突破口。一般来说，班主任可以从学生最擅长的点入手，将学生最擅长的点无限放大，让学生从这个点获得丰富的成功体验，并帮助学生将一个点的成功体验慢慢迁移到更多点上，学生就有可能逐步在更多领域树立起自信来。

以学习为例，如果某学生的整体成绩比较弱，但是某一科目的水平相对较高，班主任就可以以此科目为突破口，重点帮助学生学习这个科目，用这个科目成绩的提升来增强学生学习其他科目的信心，从而带动学生自信地学习其他科目。

再次，多给予学生当众展示的机会。

不得不说，不管是对于成人，还是对于儿童，当众展示，不仅能充分呈现人们的风采，还能全方位锻炼人们的才能——穿着、妆容、谈吐、反应、视野等，无一不包含在内。因此，对于不自信的学生，班主任要多给予他们当众展示的机会。

当然，在学生当众展示之前，班主任必须做好两件事情：一是要全面帮助学生准备展示的内容，确保学生能出彩；二是倾听学生的真实感受，在倾听的基础上和学生交流，以让学生轻装上阵。也就是说，这种事情，做一次就要成功一次，就要有一次的效果；一旦学生失败了，那么班主任以后就很难鼓励学生再次当众展示了。

最后，多运用肯定的语气评价学生。

对于同样一件事情，自信的人和不自信的人，有时会产生完全相反的看法：同样是肤色黝黑，自信的人会认为是"健康"，不自信的人会认为是"丑陋"。由此可见，价值判断标准是非常主观而又颇为含糊的。

基于此，班主任在和不自信的学生交流时，要善于"换角度，找亮点"，通过富有感染力的语言，引导学生变化思维角度，从而帮助学生从旧有观念中走出来，不仅看到自己的亮点，而且相信自己的亮点。

除此以外，班主任要多与孩子父母交流，要从父母层面，共同培养孩子的自信，要父母做到以下几点：

首先，要真心地关爱孩子。

爸爸妈妈真诚地关爱孩子，给予孩子无微不至的呵护，孩子就能在内心产生丰盈的安全感；拥有足够安全感的孩子，就能由内而外散发出自信的光芒来。人们常说，父母是子女的安全港湾，这是非常有道理的观点。

此外，爸爸妈妈对孩子的关爱，一定要体现在具体的细节上，并且要坚持长期做下去。比如，上学前给孩子一个温暖的拥抱，睡觉前给孩子一个深深的吻，在孩子不小心打破器具时首先要问孩子伤到了没有，而不是一开口就责备孩子……如果爸爸妈妈仅仅将爱停留在"我辛苦挣钱给你上学"上，是没有多大意义的。

其次，要坚定地信任孩子。

从小开始，孩子的好奇心就非常强，喜欢问很多新鲜问题，但往往问得让人厌烦；喜欢尝试做很多新鲜事情，但常常做得非常糟糕。此时，爸爸妈妈如果显得非常不耐烦，或者时不时就责怪孩子，那么久而久之孩子的自信心就会受到损伤。

也就是说，爸爸妈妈要多以尊重、引导、支持的态度对待孩子的任何问题和尝试，即便孩子做得不够好，也要给予正面评价；当孩子学习遇到困难或情绪低落时，爸爸妈妈更应该及时鼓励孩子，并对他们说："孩子，我们一起来看看问题出在哪里，汲取这一次的经验，爸爸妈妈相信你下一次一定能做得更好！"

再次，要尊重孩子的志趣。

很多父母趋向于为孩子规划发展方向，但事实上孩子的志趣并不是父母能左右的。父母需要做的是，在发现孩子特点和兴趣的基础上，基于"适性扬才"的育才观念，为孩子搭建学习和锻炼的平台，引导孩子把"兴趣"转变为"志趣"，从而为孩子未来的顺利发展奠定坚实基础，因为投身于感兴趣且擅长的领域学习，孩子的自信心能不断积攒、强化。

从长远角度来看，特别是孩子走向工作岗位后，感兴趣且擅长的工作，不仅能让孩子更容易做出成就，更能让孩子保持足够强劲的自信来接受挑战，久而久之就能让成就与自信进入良性互动模式，帮助孩子创造自信且出彩的辉煌人生。

最后，要适当地要求孩子。

很多父母都趋向于"望子成龙，望女成凤"，但事实上，大多数孩子都是"非常普通"的孩子。这种"高期待"与"低现实"之间的落差，有时很难让父母在内心真正接受。然而，大多数孩子是普通孩子，这是客观存在的事实。

从这个角度来说，父母要全面了解孩子的特点，给予孩子符合事实的期待和要求，不能主观地以过高标准来要求孩子，否则标准过高，孩子达不到，就会屡遭失败，就会因为接连不断的失败而产生"我不行"的消极体验，久而久之就会丧失自信心。

罗曼·罗兰曾说："先相信自己，然后别人才会相信你。"做任何一件有意义的事情，我们都首先需要自信。然而，自信的毁灭往往迅速彻底，自信的重建常常缓慢低效。基于此，不管是老师还是父母，都需要从小事着眼、细处着手，谨言慎行，以帮助孩子不断获得自信。

4. 孩子爱玩手机，怎么办？

有些孩子之所以被手机所掌控，像奴隶一样被手机牵着走，就是因为缺乏某种强烈的兴趣。

目前，孩子使用电子产品的年龄越来越小，随之也引发眼睛近视、学习兴趣丧失、注意力不集中、接触不健康信息等成长问题。客观地说，电子产品的普及，给孩子的学习带来了方便，但是也给教育带来了新的挑战。

那么，当孩子面对电子产品时，家长可以怎么看？做为班主任，可以告诉家长怎么做？我们以孩子玩手机为例，来探讨家长解决孩子过度使用电子产品的策略。

一、情景再现

案例1：

11岁小学生眼睛被透支成"中老年"

据《钱江晚报》报道，某一天夜里，妈妈怕11岁的小辛睡觉踢被子着凉，于是摸黑走进小辛房间，发现小辛把头埋进被窝，猛一揭开被子才发现小辛正拿着手机玩游戏！

几天后，小辛说"眼睛痛得睁不开"，于是就去医院检查。检查后，医生吓了一大跳："这哪是一个 11 岁小朋友的睑板腺，五六十岁的人情况都比这个好！"这是怎么回事呢？原来，小辛这两年多来一直偷偷地躲在被窝里玩游戏。

这时候，小辛妈妈才十分后悔。她告诉医生，从小她为了让孩子安安静静吃饭，就拿手机给孩子玩；孩子一哭闹也是拿手机哄；上了小学之后，为了联系方便，便把旧手机给了孩子，也没多想；要是多花点心思照看孩子，也不至于让孩子的眼睛变成这样。

案例 2：

10 岁儿童玩游戏，竟然花了 12.7 万元

据《台州晚报》报道，某年 10 月 4 日早上，孙女士看到一条 10 月 3 日晚 10 点多扣费 188 元的信息，就觉得很纳闷，因为她前一晚早早地睡觉了，怎么可能产生消费呢？她细细一想，前一晚 10 岁儿子一直用她的手机玩游戏，这笔钱可能是儿子误花了。

随后，孙女士翻阅自己微信钱包时，竟然发现了一笔又一笔"莫名其妙"的支付记录，总额达到 12.7 万元！这时候，孙女士完全震惊了，"这些难道都是儿子花出去的？"经询问，原来，儿子记住了她的支付密码，于是在玩游戏时成功支出了一笔又一笔的钱，同时为了避免大人发现，还删掉了手机扣款短信及微信支付信息！

案例 3：

因为玩手机，9 岁儿童得了颈椎病

据《南通新闻空间站》报道，某天一位家长带着 9 岁的儿子到医院就诊。家长反映，近一个月来，9 岁儿子经常感到脖子酸胀，有时手指也会发麻，于是带儿子到医院就诊。CT 检查发现，这名 9 岁男童

的颈椎出了问题——正常人颈椎带有前曲的弧度，而这名 9 岁男童的颈椎变成了一条直线！

原来，这名儿童因为沉迷手机游戏，一玩就忘乎所以，成为名副其实的"低头族"。医生介绍说，低头看手机，颈椎所承受的重量是垂直时的 3 倍，如果姿势不当，可能让颈椎承受多达 27 公斤的重量，最终因为"长时间低头"而导致颈椎变形。

二、问题分析

过度使用手机，会给孩子的身体、心理及学习带来各种不良影响。

那么，此时我们需要思考一个问题：手机为什么广受儿童欢迎？

首先，手机影视等内容包含丰富的声、色、形、效等刺激信息，能引起儿童的高度注意。

不得不说，随着信息技术的发展，许许多多动画片喷薄而出。这些动画片，不管内容如何，但均会在声、色、形、效等方面下足功夫。显然，这些信息能够强烈刺激儿童的感官，引起儿童的兴趣及注意，让儿童深深被吸引。

其次，手机游戏能实现及时的一对一互动，富有吸引力和挑战性，让儿童更有成就感。

当下儿童的一大生活特征是：父母与儿童的相处时间很少，祖辈与儿童的互动频率较低，儿童与儿童的互动机会稀缺。因此，多数儿童生活在"一个人的孤独世界里"；能心甘情愿、不离不弃陪伴儿童且和儿童及时互动的，恐怕只有电子产品了。

再次，逼仄的生存空间和单调的生活方式，逼迫儿童从手机中寻找更丰富多彩的世界。

现在的儿童，特别是城市儿童，有时是非常可怜的——他们平常的生存空间，最多在小区内，有不少甚至只能在自家房子里；他们的生活方式，就是玩玩积木，上上特长班，不是从学校到家，就是从家到学校。手机里有更广阔的空间，有更好玩的生活，有更奇奇怪怪的新鲜信息，能让儿童无限向往。

最后，缺乏浓烈而持久的兴趣，除了手机，儿童已经不知道可以从哪些事物获取喜悦。

判断一位儿童将来能否成才，已经不是看儿童能考取多少分数，而是要看儿童是否具有一项或多项浓烈而持久的兴趣——有浓烈且持久兴趣的儿童，才有可能进行持之以恒、坚忍不拔、难能可贵的探索，才有可能在某个领域做出卓越成就，才能在不断地探索中获得乐趣，才不会沉迷于毫无长远意义的手机游戏中。如果儿童缺乏兴趣，那么就缺乏了获得喜悦的丰富途径，此刻就不得不沉迷于手机游戏了。

三、解决策略

总体来看，在孩子年幼时，家长可以通过各种方式有效控制孩子使用手机的时间。当孩子到达一定年龄，就具备了"反抗"和"隐藏"的能力——尝试着和父母谈要求，甚至开始顶撞父母，以满足自己的"不正当"玩手机需求；或者对父母的要求打折扣，通过比较隐蔽的方式来玩手机，降低父母发现自己玩手机的可能性。通过上述案例来看，这个年龄大约为10岁，也就是大约相当于四年级学生。

对大多数四年级孩子而言，电子产品具有强烈的吸引力。当孩子的心思由学习转向电子产品时，家长不免就会紧张、焦虑、浮躁起来。那么，家长到底应该如何引导孩子合情合理对待电子产品呢？

在回答这个问题之前，请家长先来思考一个问题——

如果孩子不去使用电子产品，那么孩子可以做什么呢？

家长可能回答：预习、复习、写作业、阅读课外书、到户外运动，等等，都是特别有意义的事情，当然都可以做了。

新的问题又出现了——

孩子为什么要预习、复习、写作业、阅读课外书、到户外运动呢？

家长可能会回答：预习、复习、写作业是重要的学习步骤啊；阅读课外书可以丰富知识、拓展视野；到户外运动可以强身健体……

新的问题又出现了——

孩子知道预习、复习、写作业是重要的学习步骤吗？孩子有兴趣阅读课外书、到户外运动吗？

家长可能会回答：孩子都不知道这么简单的常识，我们还能做什么？

其实，我们想一想，当年我们做学生时，是否认认真真地预习、复习、写作业了？就算是现在，我们是否有阅读课外书、到户外运动的兴趣？已身为父母的我们，此时需要思考的问题是：我们是否帮助孩子认识到预习、复习、写作业是重要的学习步骤了呢？我们是否有效培养孩子阅读课外书或者到户外运动的兴趣了呢？

追问到这里，问题似乎无解。事实上，答案恰恰就在这里。

（1）我们要尽早规范孩子的学习习惯，具体包括：

首先，确定好日常学习时间。

家长与孩子一起商量：周一到周五学习的起止时间及周六周日学习的起止时间，要具体到分；这些时间都要明确，父母孩子都要清楚记得，最好能将时间表张贴到孩子的书桌旁边。确定好日常学习时间，我们就具备了帮助孩子规划生活学习的基础。

其次，确定好日常学习地点。

不管家庭情况如何，父母都要尽可能为孩子创造更适宜的学习地点。可以是客厅，可以是孩子卧室，可以是书房，但一定要确定，而且要尽可能符合孩子的身高要求，光线要好，空气要流通，要比较安静。

再次，确定好日常学习氛围。

比如，孩子学习时，需要较为安静的环境。此刻，家里就不适宜出现看电视、放音乐、高声谈论等行为，以免干扰孩子学习。此时，家长可以看看报、做家务或做感兴趣的事情，但不适合玩手机。

最后，确定好日常学习感悟。

孩子认真学习的感悟，和不认真学习的感悟，完全是不一样的。此刻，我们就需要强化孩子认真学习的感悟，让孩子通过强化这种感悟来树立正确的学习观。比如，孩子头天晚上做了认真预习的工作，那么第二天当孩子回来时，父母要及时问询孩子认真预习后的课堂学习效果如何，从而逐步帮助孩子养成认真预习的习惯及习得认真预习的方法。其他学习习惯的培养策略，与此类似。

（2）我们要尽早培养孩子发展兴趣，具体包括：

首先，了解培养孩子发展兴趣的意义。

　　一天，苏格拉底带着学生来到一片杂草地，然后问学生道：如何除掉这些杂草？有的学生说"用手拔掉"，有的学生说"用镰割掉"，有的学生说"用火烧掉"……苏格拉底告诉大家：除掉杂草的最好方法是种上庄稼，让庄稼来占据杂草的生存之地。

如果把孩子的心灵比作土地，那么兴趣就像庄稼，手机就像杂草——有些孩子之所以被手机所掌控，像奴隶一样被手机牵着走，就是因为缺乏某种强烈的兴趣。孩子的心灵一旦被杂草充斥，懒惰就会打败勤奋，消极就会打败积极，敷衍就会打败用心，其言将无凌云壮志，其行必少孜孜以求。于是，一个讨人嫌的孩子出现了。

这就是家长为何要大力培养孩子发展兴趣的意义。

其次，了解培养孩子发展兴趣的可能。

孩子一直处于成长之中，具有特别强的可塑性。同时，随着年龄的成长，孩子的兴趣可能处于变化中，也有可能集中在某一方面。此刻，我们要认真仔细观察，争取在孩子读小学前就确定孩子的主要兴趣，或者确定培养孩子主要兴趣的可能性。

比如，如果孩子在某个方面表现出更多的专注和天赋，那么这个可能就会成为孩子主要的兴趣。我家小宝现在四岁多，能够在画画方面保持一个多小时的专注力，远远超过他在其他方面的专注力。我们认为，画画可以作为他目前的主要兴趣发展。

最后，了解培养孩子发展兴趣的智慧。

如前所述，孩子的兴趣可能处于变化中。此时，如何强化孩子的兴趣、让孩子得以保持兴趣就成了我们的重要课题。

比如，我们要尽可能多地让孩子接触有可能成为兴趣的领域——给孩子买些画笔，让孩子画一画；带孩子看看足球赛，让孩子体验体验；和孩子一起下下象棋，判断孩子能否被吸引……我们在细心发现孩子的兴趣的同时，要多让孩子体验不同领域。

比如，我们要多支持孩子的兴趣需求，少和孩子谈条件。某一天，孩子突然冒出个兴趣点，然后向家长说出来。此刻，家长会不会和孩子谈条件？家长可能会认为孩子一时心血来潮，于是就说出"要达到什么什么条件或完成什么什么任务才如何如何"之类的话语。孩子如果觉得太麻烦、达不到条件或完不成任务，可能就会放弃了。这实在是可惜。鉴于此，在孩子发展兴趣的萌芽阶段，我们最好能无条件地满足孩子的需求。

比如，我们要多发展自己的兴趣，给孩子指一条路。兴趣是提升生活品质的调味剂，缺少兴趣的生活是索然无味的，缺少兴趣的工作仅仅是谋生工具。我们也要有发展兴趣，这样在无形中才能为孩子指明一条可供借鉴的道路。

（3）我们要尽早给孩子做好示范，具体包括：

客观地说，因为工作、联系、放松等需求，大多数成人都离不开手机了。但是，一旦做了家长，我们就不再是一个孤立的个体，而是和孩子在无形中"绑"在一起了，成为孩子模仿和学习的对象。为此，我们必须践行好"示范引领"的角色。

首先，尽量不要在孩子面前使用手机。

除了必要的接打电话外，我们尽量不要在孩子面前使用手机——不管是刷微信，还是逛淘宝、玩游戏，当我们表现出对刷微信、逛淘宝、玩游戏的浓厚兴趣时，自然而然就会吸引孩子的关注，让孩子也产生试一试的冲动。

这一点很难做到，但我们必须做到，否则我们凭什么理直气壮地要求孩子不使用手机呢？我们要让孩子看到"不被手机奴役"的父母。我们能做到吗？

其次，尽量保持手机的"清爽干净"。

我们的手机上如果安装了许多游戏软件，孩子一旦看到，当然就会心知肚明。此刻，我们说一万条理由，都没有什么用了，因为孩子已经把我们"看穿了"。我们要保持手机的"清爽干净"，削减手机的娱乐功能，不让手机的娱乐功能大于联系功能。

最后，尽量和孩子商定使用手机的规则。

我们不是想给孩子制定一个使用手机的规则吗？其实，我们也可以通过商定的方式，让孩子给我们制定一个使用手机的规则，该用的时候就用，不该用的时候就不用，给孩子做出一个遵守规则的示范，一让孩子对我们使用手机无话可说，二让孩子对我们有限制地使用手机的观念耳濡目染，从而为孩子使用手机奠定一些基本的思想基础。

（4）我们要尽早给孩子立好规矩，具体包括：

首先，帮助孩子树立正确使用手机的意识。

当孩子想到或看到手机时，我们希望孩子在手机面前加的动词是"使用"，而不是"玩耍"。为此，我们要帮助孩子树立正确使用手机的意识：手机可以用来做什么？手机不可以用来做什么？

　　手机可以用来做什么呢？打电话、发信息、视频聊天等，这是交流功能；听绘本故事、跟读英语课文、查找某些信息等，这是学习功能；导航、听音乐、计算器、拍照片、录视频等，这是辅助功能。这些功能，基本都是可以使用的。

　　手机不可以用来做什么？除了某些益智游戏外，用手机玩游戏是不被允许的；看直播、看图片、看影视作品等，也是不能被允许的。关于这一点，我们可以旗帜鲜明地给孩子解释清楚，相信孩子是可以明白并接受的。

　　孩子使用手机，基本上都是"玩"，但这并不代表我们不可以引导孩子知道手机到底是用来做什么的。通过这方面工作，我们要让孩子认识到如何正确使用手机，从而在内容上做好把关。当然，孩子既然是"玩"手机，总要有一些内容，这需要我们把好关，有暴力倾向、色情信息、落后观念等的游戏或动画片，需要被摒除在外。

　　其次，帮助孩子规划使用手机的时间。

　　孩子使用手机，有时是不管时间的，什么时间都想玩，玩多长时间都不想停下来。此时，我们更需要帮助孩子规划使用手机的时间。一般情况下，早上的时间，非常宝贵，不适合使用手机；中午的时间，非常短暂，不适合使用手机；晚上的时间，比较充分，适合使用手机。因此，建议把孩子使用手机的时间，放在晚上。

　　需要说明的是，使用手机的时间点，一般是放在完成作业之后，特殊情况除外。确定了时间点，接下来就要确定时间长度，孩子小一点，使用时间就短一点，以五到十五分钟为宜；孩子大一点，使用时间可适当延长，以半小时为宜。

　　最后，帮助孩子制定使用手机的规则。

　　孩子使用手机，需要一定的规则来规范和约束。但是，规则不宜过于严苛，否则孩子难于达成目标，容易触发更多手机使用问题；当然，规则也不宜过于宽泛，否则就失去了规范和约束孩子的作用。

一般来说，手机使用规则，主要包括使用内容、使用时长、惩戒措施三个方面。在小学阶段，孩子使用手机，多半是"玩游戏"；进入初中后，孩子使用手机，可能是"与同伴交流"。在玩游戏阶段，家长可以陪同，适时引导；在与同伴交流阶段，家长不宜在场，否则有监视嫌疑，更何况孩子也需要有私人空间。对于惩戒措施，建议为"取消下次使用手机的权利"，不要牵涉太多方面，否则整个家庭的生活会因为手机问题而牵动。

一般情况下，在规则建立初期，孩子在触碰规则的时候，我们要适时提醒并反复给孩子讲道理，以争取孩子的理解和同意，而不要轻易利用惩戒权，要给孩子一个逐步适应的时间；在孩子初步理解规则后，我们仍要提醒，但同时要坚决执行惩戒措施，以帮助孩子树立使用手机的规则意识。何时坚决使用惩戒权，需要我们审慎把握。

四、教育误区

目前，智能手机已经成为重要的生活、工作、学习的必需品；从实际情况来看，我们短时间内确实离不开手机。也就是说，我们做不到让孩子完全与手机隔离；但是，我们也不能放纵孩子使用手机。鉴于此，我们在引导家长们管束孩子使用手机时，必须避免以下误区：

一方面，从孩子表现出对手机的关注时起，就不要蛮横无理。在孩子小的时候，家长以权威的方式禁止孩子使用手机，确实可以起到比较好的作用，但是这样做并不是长久的办法。长久的办法是，孩子通过手机使用规则来有限制地使用手机，避免过度使用手机的可能，同时又帮助孩子养成规范使用手机的习惯。

另一方面，我们不要孤立地看待手机问题，要尝试着从根源上解决问题。很多家长都把手机看成是孩子不认真学习的罪魁祸首，其实这大大冤枉了手机——玩手机只是孩子不认真学习的结果，并非原因；与其说手机吸引了孩子，不如说孩子除了手机而别无选择。我们要帮助孩子发展兴趣，让孩子体验到有比玩手机更有趣味、更为重要的事情，以免孩子不得不将目光停留在手机上。

总之，手机问题，不是简单粗暴就可以美满解决的问题。在孩子成长的早期，我们越是用简单粗暴的方式来解决手机问题，在以后就越是会面临更棘手的手机问题。鉴于此，作为班主任，我们必须呼吁家长提前筹划解决手机的问题，以免以后被动。

5. 孩子要被惩戒，怎么办？

在孩子需要教育时，我们不能用呵护来敷衍；在孩子需要呵护时，我们也不能用教育来替代。

这几日，我同事遇到这样一件"怪事"。

一位女生确实存在早恋现象。按照学校制度，她的家长被请到了学校。

女生爸爸到校后，班主任先通报了情况：上午课间的时候，这位女生站在走廊拐角处，一位男生从身后拦腰抱着女生，男生没有立刻松开的意思，女生也没有推开挣扎的意思——他们之间的行为超过了正常的男女生交往范围，显得过于亲昵，存在早恋倾向。

女生爸爸听完后，就问学校打算怎么办。班主任告诉女生爸爸，按照学校处理类似问题的制度及惯例，在班主任及学校相关领导教育女生后，家长需先带女生回家做做"思想工作"，和她谈谈如何更适宜地处理情感问题，并要求写一份对事情的认识材料，然后学校会根据学生的违纪事实及认识材料进行再教育，同时给予相应处分；之后，女生可正常返校入学。

听班主任说完，女生爸爸一下子就来了火气："孩子是在学校犯了错，你们老师是怎么教育的？我还没有追究你们老师和学校的渎职责任，你们反倒要追究我女儿的所谓的责任了！我女儿在家是很乖巧的，你们学校的风气实在是太差了！"

遇到这样的家长，班主任当然要耐心解释："到了高中这个阶段，孩子步入爱河是完全正常的。我们都年轻过，也能理解他们。但是，学校是学习的地方，不允许男女生之间出现过于亲密的言行，这是引导孩子在合理的范围内、以更合适的方式处理情感问题，并不是视早恋为洪水猛兽。对于每一位学生，我们都会尽责任去教育，但这并不能保证所有孩子都不犯错。孩子犯错了，家长要和老师一起教育孩子，帮助他们吸取教训，我们老师绝不会因为孩子犯错而完全否定孩子，这一点请家长放心。"

"我不管你们怎么想，我家女儿一不回家反省，二不接受任何处分。一个女孩子，怎么能受得了回家反省和给予处分的惩罚?！如果你们坚持这么做，那么我女儿出了任何问题，我都是要找你们负责任的！"女生爸爸坚决地说道。

"你担心孩子被惩罚的心情，我们都能理解。再说，孩子以后表现好了，就可以申请撤销处分，我们绝对不会拿孩子的发展和前途开玩笑。孩子的成长，需要这个被教育的过程，还请家长支持和配合。"班主任进一步解释道。

后来，经过长期且艰难的商谈，女生爸爸依然不带女生回家反省，更不接受处分的决定。在与学校领导沟通后，班主任不得不采取一个折中方案——这一次就口头警告算了，以后一旦发现类似确定言行，家长务必配合学校教育孩子，否则学校将启动劝退程序。女生爸爸一看触碰到学校底线，同时也自认为为女儿争取到权益，于是答应了这种方案。

然而，这个长期且艰难的处理过程以及父亲的苦心，不仅没有让女生有所收敛，反而让她更加明目张胆——一到课间，她就会大摇大摆地去找男生说话，虽然未被发现存在肢体上的亲密行为，但是与男生亲密交往的事实是存在的；后来，这位女生还换了一位校外的新男朋友，将主要精力放在了男女生交往上……

客观地说，从这个案例的结局来看，女生并没有从这件事情中获得成长。

为什么会这样呢？

高中生的心智已基本成熟，他们对学校规则及其意义都比较熟悉，一般都知道能做什么、不能做什么。在明知道有风险的情况下，他们仍然去做，这说明他们确实缺乏必要的规则意识，更谈不上敬畏规则了。

此刻，家长和老师需要做什么呢？

从育人的角度来说，家长和老师需要通过对事件本身的合法处理来培养学生初步的规则意识。什么是对事件本身的合法处理呢？简单来说，就是该怎么样处理就怎么样处理，完全按照制度和程序来处理，绝对不搞特殊化——

需要回家反省的，就诚恳地回家反省；需要写反思的，就深入地写反思；需要被处分的，就坦然地接受处分。一切按照制度和程序来，一切按照规则来，在处理事情中强化学生的规则意识，让学生知道做人做事都要守住底线，一旦突破底线，就会付出代价，即便显性代价不会随之而来，隐性代价也早已埋下种子。这就是教育及教育的意义。

此刻，如果家长不能做到通情达理，就会亲手把自己的孩子送上更肆意践踏规则、更随意违反纪律的路上——孩子本来就是在破坏规则，家长还帮着孩子搞特殊化，继续破坏规则，实实在在地给孩子做了一个破坏规则的榜样。如此这般，孩子会清晰看到，在破坏规则后依然可以通过无理争辩或者某种特权而获取利益，以后还会敬畏规则吗？这是不是相当于父母亲手在孩子身上安装了一枚定时炸弹呢!?

当然，有人可能说，规则意识弱是没有那么严重的，再说，一次这样的事情，怎么会让孩子的规则意识更差呢！事实上，当我们感觉到社会的持续进步时，从个体生命的整体成长这个高度来看，规则意识是孩子长远且健康发展的根基。规则意识弱的人，即便能投机取巧成功，也是存在诸多风险的。为人父母者，怎可轻易在孩子内心埋下一颗有风险的种子呢?!

有人可能也说，学校的处罚是不合理的，家长全盘接受才是害了孩子呢！事实上，每个学生的心理特质不一样，违纪的情况也不是完全相同的。学校在惩戒违纪学生时，当然以教育为主，以处分为辅，一般不会轻易处分学生。一旦到了处分的时候，说明学生的言行已经突破了某些底线，到了非要处分不可的地步了。

此外，学校不是只有一位学生的学校，班级不是只有一位学生的班级。学校在处理违纪事件时，必须要考虑学生群体的特点，并力争做到公平公正，以防破坏了风气。家长在考虑问题时，主要考虑自己的孩子；学校在考虑问题时，除了要考虑违纪学生外，还要考虑其他学生。家长"护犊子"的心情，为人父母的都可以理解，但是往往不够理性；但学校秉公执法的需求，违纪学生父母却难以支持，此刻老师往往比家长更为理性。

正因如此，学校在处理违纪事件时，一般都会苦口婆心地与学生交流，同时会小心翼翼地和家长沟通。苦口婆心的目的，是为了让学生接受教育；小心翼翼的目的，是为了争取家长的支持。很多家长平时通情达理，但一到自己家孩子要被处分时就会"蛮不讲理"。其心情可以理解，其工作真心难做。

事实上，学校费尽心思惩戒学生，就是为了教育学生，更多是从教育的角度来考虑问题的；家长挖空心思保护学生，就是为了呵护孩子，更多是从**情感的角**度来考虑问题的。彼此的出发点都是好的，但不得不说学校的做法是更理智的。从这个角度来说，家长支持学校的做法，在一定程度上体现了对教育的尊重。

孩子的健康成长需要适当的教育。比如，当孩子在学习知识、感到迷茫、违反规则等需要教育时，我们就要以教育的方式对待孩子，此时我们需要了解孩子的心理并采取更具针对性的教育方法。孩子的成长当然也需要呵护。当孩子遭遇挫折、受到伤害、经历痛苦等需要呵护时，我们就要以呵护的方式对待孩子，此时我们需要用内心的温暖让孩子感觉到我们对他们的理解、疼爱和支持。

教育和呵护是孩子健康成长的双翼，是可以有机结合的。然而，在孩子需要教育时，我们不能用呵护来敷衍；在孩子需要呵护时，我们也不能用教育来替代。可怜天下父母心，为人父母者更趋向于呵护孩子，而不能更理性地以教育的方式帮助孩子，以致孩子失去了更多接受教育的契机，让孩子走了更多弯路甚至是错路，譬如前文中的女生。这是每一位父母都需要警醒的。

呵护孩子是父母的天性使然，教育孩子需要更多理性。尤其是孩子在违纪的时候，既不能自己"甩锅"，推卸做父母应负的责任，也不能帮助子女"甩锅"，让子女失去为自己言行负责的成长契机。家长的特权和强势，不能用在为子女"甩锅"上，而应为理性的教育让路。这体现了家长对教育的尊重程度。

不得不说，家长对教育的尊重程度，有时决定了子女受教育的程度。子女如果以后"长歪"，父母首先要反思的是多少次为子女做了歪斜的"榜样"。那些喊出"我爸是李刚"名言的子女，要受到多么长久的"污染"，才能变得那么理直气壮和肆无忌惮?!

第六章

问题学生经典案例评点

1. 用人格魅力解决低层问题

创建适宜的生长氛围，是教师需要探索的重要课题。

下面这个案例，为深圳市龙华区第二实验学校刘楚腾老师所作，发表于 2019 年 11 月 1 日的《南方教育时报》。本书在引用时有部分删减。

画作终有完成时

那是我的少年时代。一整个学期，美术老师都在绘制一幅敦煌的仿画，记忆里这幅画有一人高，三四米长。她说，这是她和她的老师的合作作品。她很信任我们，一直把这幅重要的作品摆在教室里，并不担心遭到破坏，无论无意或有意。

事实上，我们这些学生对那幅画是很有一些敬畏的，没有人敢于用手直接触碰它。这敬畏不是因为怕老师，而纯粹是对艺术品的一种景仰。我们第一次知道，敦煌画不全是"飞天"那样灵动飘逸的，也有古拙浑厚的，仿佛看一眼，就会掉进历史的深处。

与别的课程相比，绘画有个特殊之处，就是颜料、笔墨常常会污手。因为天天都在画，老师的手常常是铅黑色的，因为画底稿要用手直接拿碳素条。也正是因此，老师那些天很少出现在公共场合，连去餐厅都尽量晚一些去。从她身上，我想到了化学家费舍尔。因为研究的缘故，他身上常常带着粪臭素的味道，一次看歌剧被别人嘲笑了，他因此"戒掉了"看歌剧的爱好，却坚持自己的研究。

我的老师与之类似，有着自己对生活的态度，行事必有标持，决不肯苟且。

我上的那所初中，生源质量不算好，调皮的、表现恶劣的学生很不少。一些人还会辱骂老师，还有人曾对老师动手。但无论是谁，一旦进入那间古旧的教室，看到年近花甲的美术老师，就立刻规矩起来了。她总是腰背挺直，面容平和，但凡学生发问，必走到学生身边，微微向前倾着上身——那腰背依然平直——细细地听，并轻柔地回答。于是学生们也恭敬起来，起坐都会挺直腰，与老师回话也彬彬有礼。

那时候我们都是12岁左右的孩子，学不来多么深层的东西。老师一开始只是让我们看莫奈、毕加索等人的作品，或许是希望孩子的直觉能感受出什么不一样的东西吧。我们胡乱说一气，老师便笑着点头。

老师对于所展示的画作不会过多地解析、评价。就像音乐老师告诉我们："不用在听音乐的时候聚精会神，音乐的价值正在于让思维自由流淌。"美术老师也只是让我们静静地看，有时候她点拨几句，我似乎就能感受到油画里那个伶仃地立在桌上的花瓶，是怎样在寂静里度过了一个和我们一样的秋日下午。

其身正，不令而行；其学厚，言约旨丰。我的老师就是这样的人。我们这群顽劣的学生起初只当美术课是种消遣，是跑出来透透气的机会。末了却不由自主地被老师和她那满教室的画深深感染。老师并不急于扭转我们的顽劣，只是默默熏染，引我们去体会。我们似乎变得谦和沉静了——旁人也说不清，权当作艺术的力量，谁知道老师付出了多少心血呢！

一个学期快结束了，老师告诉我们，那幅画终于完成了，面上带些喜色——这是很少见的。老师并非不笑，但平常的笑容是对孩子的温柔爱护。至于她自己，似乎没有什么俗务能牵动她的心绪，恐怕唯一能让她微微露出点喜色的就是作品吧。老师永远那样冲淡安宁，从不疾言厉色，从不高声喊叫，也从不责罚任何人。

老师似乎没有教我们应该如何行事做人，如何欣赏品味。但我们跟随她，好像不自觉地发生了一系列微小的变化——可能连自己都未察觉的那种。然而事后回头，会发现老师种下的种子已经开枝散叶。就像那幅看起来没有进展的画，在一个平淡的黄昏，突然从敦煌壁上飞下来，金光万丈，让人无法开口言说。

如今已成为教师的我，常常想起这位少年时代的老师。我最大的期许，就是像老师一样，一点一点感化学生。我倾慕着老师当年的影子，盼望能得她一分一毫的气韵，并将这一缕气韵传递给我的学生。

二、案例分析

在分析案例之前，我们首先思考一个问题：教育问题学生，除了直面问题的"晓之以理，动之以情，约之以法"三板斧以外，还有其他方法吗？

一般情况下，我们在处理学生问题或教育问题学生时，都讲究"迅速，及时"的直面问题的方式。不可否认，这种直面问题的方式确实能对稳控局面、了解学情、督促转变、预防不测等方面起到明显效果。然而，除此之外呢？

刘楚腾老师所写案例，给我们带来了新的视角。

在这篇文章中，学生在美术教室内外的表现，判若两人：在美术教室之外，学生调皮、表现恶劣，有人辱骂过老师，甚至有人对老师动过手；在美术教室之内，学生不敢用手触碰那幅画，言行立刻规矩起来，对老师恭恭敬敬，起坐都会把腰背挺直，变得谦和沉静。

学生为什么会出现这样显著变化？

首先，美术老师在绘制一幅敦煌仿画。

一般的美术老师，并不会绘制敦煌仿画，更不会花费一学期的时间来绘制敦煌仿画。这包含两个重要信息：前者说明这位美术老师特别有品位，所爱及所画非常高端、高雅、高贵，这种不落俗的人格魅力，令人神往及敬佩；能够做到花费一学期的时间来绘制敦煌仿画的老师，必然是执着追求、认真做事、挚爱艺术的老师，一般人远远做不到，同样令人神往及敬佩。可见，这幅敦煌仿画作品，把美术老师高尚的人格、精湛的画技、炽热的爱好表现得淋漓尽致，让美术老师成为让人尊敬的老师。

其次，美术老师把重要作品摆放在教室。

上述案例提到，作者不确定美术老师是有意还是无意把这幅重要作品摆放在教室。但无论如何，我们可以确定的是，美术老师并没有"不敢"把作品摆放在教室。不管是对学生有意的信任，还是对学生无意的信任，或者说美术老师压根儿就没有想到这回事，但美术老师呈现的事实是：老师把作品摆放在教室，并不担忧学生会破坏作品。这种无声的信任，胜过千言万语，一下子就拉近了与学生之间的心灵距离，让学生愿意和老师亲近，让学生愿意小心翼翼保护老师喜爱的作品。

再次，美术老师行事必有标持，不肯苟且。

依作者的想法来看，美术老师与德国化学家费舍尔一样：愿意为挚爱的工作付出一定代价，费舍尔为了研究粪臭素而浑身臭味熏人，美术老师因为拿碳素条而双手漆黑，前者不轻易去看歌剧，后者会晚一点去餐厅，但都体现出他们对所从事工作的挚爱及对他人的体谅等美德，同时不流俗、不自私、不将就。因此，作者评价他们行事必有标持，不肯苟且。

最后，美术老师并未让学生感受到被生硬教育。

绝大多数人，包括我在内，都有这样的体验：当别人指出我们的不足并告诉我们应该如何想如何做时，即便他们真心诚意、平易近人、通元识微，但这种直接的方式依然可能让我们觉得不舒服，因为这说明我们没有对方做得好，还需要别人教导。也就是说，绝大多数人都不喜欢被教育的感觉，尤其是被生硬教育的感觉；对于处于青春期的初中学生来说，正处于"内心敏感，外表长刺"的年龄，更不喜被批评、被指导、被教育。此刻，"随风潜入夜，润物细无声"的教育，不仅难能可贵，而且颇具智慧。美术老师静悄悄熏陶学生，不正是深谙教育的做法吗？

总而言之，美术老师的言行，让我们看到了一个可敬可亲、有识有智的师者形象，让我们看到了另一种可能的教育，让我们看到了教育的静谧、深远与美好。而美术老师对学生的影响，让我们看到了教育问题学生的另外一种强有力的路径。

三、案例启示

上述案例给我们带来的启示，可以从思考以下三个问题中得到答案——

我们要培养什么样的学生？

我们要成为什么样的教师？

我们要呈现什么样的教育？

其实，这三个问题是有逻辑关系的：教育的着眼点和归宿点，都是学生，培养什么样的学生，是教育的根本问题，也是教师开展教育的出发点；从学生的角度来说，教师是示范者，当然也就是学习对象，我们要培养什么样的学生，就要成为什么样的教师，一个创新意识弱的教师，怎么可能培养出具有强烈创新意识的学生；当我们明白要培养什么样的学生及要成为什么样的教师后，教育就成为师生从起点到终点的路径，这需要过人的智慧才能找寻到，不是所有简单、粗糙的方式都可以称之为教育的。

关于"要培养什么样的学生"这个问题，上述案例并没有明确介绍，我们对美术老师的想法也不得而知。因此，我主要从后面两个问题来谈本案例给予我们的启示。

一方面，教育问题学生，更需要以教师的人格魅力为基础。

在上述案例中，美术老师至少表现出三大人格特征：一是平和，二是执着，三是脱俗。

不可否认，问题学生的言行更易触动教师的不良情绪，教师如果不足够平和，轻而易举就可以把师生间的共同交往变得一地鸡毛，一下子就能把师生、家长变成仇敌，从而使问题学生教育陷入无法挽回的境地。而美术老师，"但凡学生发问，必走到学生身边，微微向前倾着上身——那腰背依然平直——细细地听，并轻柔地回答"；对待学生乱说一气的情形，"老师便笑着点头"；"老师永远那样冲淡安宁，从不疾言厉色，从不高声喊叫，也从不责罚任何人"。不足够平和，教师很难到达这种境界。

当下社会，追求"快捷、高效"，而教育恰恰是"不快捷，不高效"的工作。这需要教师在平和的基础上，还要执着——向着美好，向着蓝图，孜孜以求，持之以恒。这种姿态，是智慧，是修为，是信仰。然而，学生的问题不断、家长的质疑不断、学校的考评不断、上级的检查不断，我们很难做到不功利、不急躁、不乱阵脚，此时正需要我们对"正确做法"的执着。有时，我们不是不知道什么是正确做法，只是正确的做法会让我们陷入眼前尴尬的困扰之中，于是我们不得不采用不正确的做法。这正是执着的意义，教育需要这份执着。

教师俗气不俗气，学生一眼就能看得出，并由此判断这位教师值不值得尊敬。这里的脱俗，并不是说让教师不食人间烟火，而是教师不要全身烟火味，要稍微有一点高于烟火味的东西。在上述案例中，美术老师用一学期时间绘制敦煌仿画，给作者留下极为深刻的印象；可以试想，这是作者心目中难得一遇的脱俗教师。于我而言，我未曾遇到这样的美术教师，不管是求学生涯，还是工作阶段。也就是说，教师总要有一些脱俗的特点，或者给自己培养一点脱俗的特点，以让学生"瞧得起，看得上"，否则教师凭什么来教育学生?!

教师的人格魅力，是教育问题学生的根基、底座，决定了教师影响学生的高度、深度和广度。这完完全全在所谓的教育智慧之外，但往往比任何教育智慧都更加重要。很多时候，我们说使用了某些方法没有一点效果，这不是方法或方法使用技术的问题，而很有可能是使用方法的人在人格魅力方面出了问题。

另一方面，教育问题学生，也可以采用从"外围入手"的策略。

直面问题、就事论事是一种教育问题学生的方法。这种方法的优势在于，直截了当地分析问题、找出原因、商量对策，对于处理一件又一件具体事务性工作来说，快捷、高效，同时也可以在观念、思维、规则等方面给予学生有益启迪，让学生获得成长。

这种方法也有不足之处：它类似于外科手术，不管是割除病变的器官，还是添加辅助的设备，都会带来阵痛，并留下挥之不去的疤痕或副作用。此刻，教育需要一种涵养学生成长的氛围——这种"生长氛围"，含有某种具有生命力的成长因子，能通过观察、接触甚至是呼吸，而被学生在不经意间感知、发现及吸收，在学生灵魂深处形成涟漪，让学生崇敬，让学生向往，让学生追随，让学生守护，从而让学生以高端的成长消除低端的问题。我以为，这才是更具教育智慧的教育。

从这个角度来说，创建适宜的生长氛围，是教师需要探索的重要课题。

那么，如何才能创建适宜的生长氛围呢?

从人的角度来说，教师是创建生长氛围的主导者、设计者。教师的人格魅力，是生长氛围的重要组成部分。教师心中崇拜的人、口中念叨的人，他们的人格魅力同样对影响人的方向起着促进作用。学生当然也是生长氛围的设计者和创建者，但这一切都建立在教师主导的基础上——教师决定着生长氛围中"人"的方向及特质。我们的教室，又有什么样的人呢？在上述案例中，美术老师本身就是具有人格魅力的人，所以才会让学生倾慕、怀念、回忆。

从物的角度来说，物品呈现生长氛围的"灵魂"。在上述案例中，一幅少见的敦煌仿画，就呈现了高雅脱俗的灵魂。美术老师对物品的选择及摆放，早已走出"整洁美观"的基础需求，已经来到了追求"生命意义"的精神需求。对于我们的教室，我们有哪些可观、可敬、可叹的物品呢？而我们又想通过物品来呈现什么样的"灵魂"呢？

从事的角度来说，故事推动生长氛围的形成。可以试想一下，美术老师长期打磨敦煌仿画，那么和学生交流的必然是与敦煌仿画相关的故事，这和谈股票、豪车、洋房等，完全不在同一个境界。我们的教室里，又有怎样的故事呢？这样的故事是否引导学生开启了一扇通往美好的窗户？或者让学生有了更高的精神追求？

总之，在如何帮扶问题学生成长上，我们可以采用"直接面对"问题的办法，但也可以采用"人格魅力"的办法，从高端入手解决低层问题。比如，某学生因不喜欢某学科而经常上课打盹，我们当然可以就"上课打盹"这个问题与学生直接交流，但同样可以从"提升教学趣味，逐步涵养学生对学科的兴趣"的角度出发来解决问题。大家不妨想一下，哪一种方法更能从根源上解决问题？哪一种方法的效果更鲜活、持久、深远？显然，用"人格魅力"的方式来解决低层问题，是我们帮扶问题学生的可选项。

2. 万分小心那些特别的学生

班主任需要敏锐发现这类学生的特别之处。换言之，班主任要知道班级的哪些学生比较特别。

2017 年 11 月 12 日下午，某省 16 岁高三学生罗某，在办公室将自己的班主任鲍老师刺死。没有人能想象得到，一个成绩优异的学生，会如此对待关爱和器重自己的班主任。

这起事件到底为什么会发生呢？

在 11 月 12 日上午，学校所有高三学生均在参加全市统一的学业水平考试。按照惯例，该校实行封闭式管理，高三年级每个月会放 2 天月假，每周日下午 15 点 50 分到 18 点 50 分会放 3 小时的周假。但是，在下午考试结束后，鲍老师把全体同学留了下来，让大家观看一部时长约 16 分钟的励志视频，并要求每人写一篇 500 字的观后感才能离开。

临时增加的两项任务，让打算到镇上买东西的罗某感到不满，于是和几个同学当场对鲍老师的要求表示了反对。鲍老师离开教室后，罗某起身去厕所，并一直在走廊上逗留。在被鲍老师看见、叫到办公

227

室前，他把放在教室窗台外、准备带出去的水果刀揣进了兜里。

事后罗某说，在办公室里，他告诉鲍老师"不想写观后感"，鲍老师说"要是不写就转班"。随后，鲍老师批评了罗某当天不端正的态度和最近起伏较大的成绩。之后，鲍老师要给罗某父母打电话。当鲍老师打给罗某父亲的电话无人接听、正准备拨通罗某母亲的电话时，站在鲍老师侧后方的罗某突然掏出水果刀，疯狂地连刺鲍老师26刀……最终，鲍老师因失血过多而死亡。

在被警方控制后，已完全冷静的罗某，不无忏悔地说："我很后悔自己的行为，也觉得非常对不起鲍老师和他的家人。我认为鲍老师太严厉了，既为出校时间被挤占感到憋屈，更为通知家长的做法感到愤怒，当时已经完全控制不住自己了。"

据了解，入学时罗某的成绩只处于中等位置，后来经常保持在班级第一、年级前十的水平。正因如此，鲍老师对罗某是既器重又严格，不仅常常找他谈心，还曾为他争取到一份名额很有限的奖学金。但罗某却说："我不觉得鲍老师对我多好，对他也不了解。"

那么，罗某到底是什么样的人呢？

据同学说，罗某的成绩足够考上一所重点大学，但他曾经不止一次与同学讲过，自己只想考本市的一所普通二本学校。罗某对自己这个规划的解释是："我只想轻轻松松地生活。"同学还说，每次考完试后，罗某都喜欢打听跟自己水平接近的同学的分数。

此外，罗某喜欢健身，爱打网络游戏，爱看漫画，花在学习上的时间并不算多。非常奇怪的是，每次同学向罗某请教问题时，他都会先模仿一个漫画人物发功的动作，然后再说解题步骤。罗某从未参加过班里的班干部竞选；他性格比较孤僻，在学校没有很要好的朋友，还曾被父母打过……

二、案例分析

鲍老师曾经获得过"市优秀班主任"的荣誉称号，罗某的成绩一直稳居前列。原本应该是双赢的一对师生，最终却是一个失去生命、一个失去未来的双输结果。从新闻报道的材料来看，绝大多数人可能都认为鲍老师做得不够妥当的事情，主要有以下四点：

首先，鲍老师不应挤占学生仅仅三个小时的周假时间。

读过高中的人都有体会，教高中的老师辛苦，读高中的学生也辛苦。在学校每周三小时的周假里，老师也需要缓缓劲，打打篮球放松下；学生需要出去透透气，买买生活用品。此时，如果学校临时加开全体教师会议，老师会抱怨；如果班主任临时要求学生观看视频，还要写500字观后感，学生当然也会不满。事后，罗某也说，时间被挤占，让他感到憋屈。

此时，人们提起最多的一个词，就是"不人性化"：学生都那么累了，鲍老师就不能体谅体谅学生吗？这样分析，鲍老师的做法确实值得商榷。但是，鲍老师也是被高三应试风气裹挟的一员，把这个责任完全推给鲍老师，也是不客观的。

其次，鲍老师对罗某全方位的批评让罗某气上加气。

在鲍老师布置完看视频、写观后感的任务后，罗某出现了明显的抵触言行（当场反对、在走廊逗留、告诉鲍老师不想写等）。鲍老师也发觉了罗某的问题，但是否对罗某开展诸如平静的"动之以情，晓之以理"的解释及宽慰工作，我们不得而知。但据罗某反映，鲍老师批评了罗某不端正的态度和最近起伏较大的成绩。

也就是说，鲍老师不仅批评了罗某的当下，还批评了罗某的过去。这是很多老师都容易进入的误区：因为某件事情而批评学生时，不能就事论事，总喜欢扯东扯西，似乎把学生的错误诉说的越多，学生就越会及时改正。其实，这样做，学生只会更自卑、更气愤。

最后，鲍老师给罗某父母打电话的行为彻底激怒了罗某。

鲍老师为什么给罗某的父母打电话？

我们不妨这样推断：鲍老师在批评罗某时，罗某不服气，辩解了或顶嘴了，鲍老师也越来越气，觉得罗某比较过分了，所以一气之下要给罗某父母打电话。不难想象，在鲍老师批评时，如果罗某的态度比较好，鲍老师应该是不会给罗某父母打电话的。

给罗某父母打电话，成为罗某挥刀的直接导火索。事后，罗某说，鲍老师通知家长的行为，让他感到愤怒，甚至是愤怒到完全控制不住自己。于是，悲剧就发生了。

以上三点，是从事后诸葛亮的视角，来进行分析的。这样分析，当然不是为了寻找鲍老师的过错，而是给我自己及其他同行以警醒：班主任在师生冲突中所犯的任何一点错误，都可能被无限放大，都可能成为班主任的不容辩解的"罪证"。为此，我们需要特别小心。

那么，作为学生的罗某，又呈现出哪些问题呢？

首先，罗某不算勤奋学习的学生。

罗某的成绩虽然不错，但并不是勤奋学习的学生。从其他同学的反映来看，罗某花在学习上的时间并不算多。一个成绩很不错，又不是非常勤奋的学生，自然会让班主任觉得潜力比较大，班主任在无形中就会严格要求这样的学生，给他们更多压力，希望他们取得更好的成绩，以免浪费自己的天资。

鲍老师就是这样做的。如果我是罗某的班主任，那么我也会这样做。然而，如果学生比较明事理，那么班主任对学生的高要求，就可能会变成学生的高目标；如果学生很封闭，那么班主任对学生的高要求，就可能会变成学生的高逆反。不幸的是，鲍老师遇到的是后者。

此外，罗某能考取重点大学，但是却不想上重点大学，这令人不解。如果不是有什么特殊原因，这的确说明罗某并不是勤奋的学生，正如他自己所说，他只想轻轻松松地生活。

其次，罗某显得比较孤僻。

多位同学提到，罗某在学校没有要好的朋友。从有限的材料来看，罗某不多言多语。和同学的交往，可能集中在同学请教他学习问题上。这里有一个细节必须指出：在每次考完试后，罗某都会打听和自己水平相近的同学的分数。

按道理来说，在高中打听同学的分数，是再正常不过的事情。然而，我们一定不要忘记一个前提条件：罗某是性格比较孤僻的学生。这样的学生来打听同学的分数，其主要目的是什么？比成绩好坏？看名次来树立新的目标？靠名次来刷存在感？用名次来显摆？罗某的成绩已经经常处于班级第一、年级前十了，在班级能超过他的人，已经没有了。这样看来，罗某问同学的成绩，多半是为了刷存在感和显摆，这更显示出罗某的孤僻。

再次，罗某曾被父母打过。

有同学提到，罗某曾说自己被父母打过。父母为什么会打罗某？我们不得而知。但确定的是，罗某在学习态度、体谅他人、感恩父母等方面确实存在不尽如人意的地方。此外，罗某是忌惮父母，还是记恨父母？我们也不得而知。但确定的是，罗某在听到他人提起父母时，反应是非常强烈的，否则鲍老师给罗某父母打电话，罗某也不会彻底被激怒。

按常理来看，罗某是比较孤僻的人，一般不会轻易把自己被父母殴打的事情告诉同学。而罗某不仅没有遮遮掩掩，反而还告诉同学。罗某为什么会告诉同学呢？是不是因为父母打得比较频繁、打得比较严重，被同学发现了，罗某不得不说？是不是因为被父母打这件事给罗某留下特别深的创伤，让罗某特别想找同学倾诉？是不是因为罗某因此产生了暴力倾向，让罗某不经意间说出口来？

此外，按照道理来说，即便是高中，学生也不允许带水果刀进入教室。罗某将水果刀带入教室，这是一个非常明显的信号！我们现在无法确定，鲍老师是否知晓这件"小事"？

最后，罗某爱打网络游戏和爱看漫画。

有同学提到一个细节：每次同学向罗某请教问题时，他都会先模仿一个漫画人物发功的动作，然后再说解题步骤。从这个细节来看，网络游戏和漫画已经对罗某产生比较深刻的影响。

我非常关注的一个词语是：发功。

何谓"发功"？是武打场面吗？也就是说，罗某所喜爱的网络游戏和漫画，是不是充满打打杀杀、奇特幻化的场景？如果这些场景深入罗某内心，罗某又将其外化为一些实际言行。那么，是不是会有一些时刻，让罗某不能确定，到底是现实，还是虚拟？

就像他用水果刀连刺鲍老师 26 刀一样，这是不是一个游戏场景的再现？

三、案例启示

这件事情，到底可以给我们带来哪些启示呢？

从以上分析来看，鲍老师的一些做法确实值得商榷，但是并没有到严重错误的程度。然而，我们也不能否认，鲍老师的这些值得商榷的做法，确实成为整个悲剧的导火索。作为事后诸葛亮，我觉得班主任在做挤占学生的时间等类似事情时，必须考虑学生的感受，可以问自己一句"如果我是学生，会怎么想"，一定要征求学生的意见，或者让学生有所选择，坚决不做吃力不讨好的事情。

此时，我们必须要思考一个问题：刺杀鲍老师的学生，为什么偏偏是罗某？

我们不难看出，与其他同学相比，罗某的特别之处非常明显：成绩好却不勤奋、比较孤僻又喜欢显摆、被父母打过且影响深远、受网游漫画影响严重。从这个角度来说，班主任需要敏锐发现这类学生的特别之处。换言之，班主任要知道班级的哪些学生比较特别。

比如，我们可以对学生进行分类：哪些学生是阳光开朗的，哪些学生是懂得感恩的，哪些学生是冲动粗暴的，哪些学生是封闭孤僻的，哪些学生是内向敏感的，哪些学生是抑郁多疑的……对此，我们要非常清楚。和不同类别的学生交往，一要注意针对性强，二要对交往结果有所预判——和冲动粗暴的学生交流，我们就要冷静理智，否则可能会干起来；和封闭孤僻的人交往，我们要避免刺激，否则可能会被突然袭击；和抑郁多疑的学生交往，我们要谨言慎行，否则学生可能会自杀自残；和阳光开朗的学生交往，我们可以真诚率性些，因为这类学生不会伤人也不会伤己……我们要万分小心那些特别的学生。

上述事件发生后，澎湃新闻采访了与罗某同班的鲍老师的女儿，她的一句话，让我非常敬佩和感动，我在为鲍老师感到无限悲痛的同时，也为他感到无比欣慰。这句话是：我不恨他，一命抵一命没有用，希望他不再伤害别人。

3. 真正的痛其实不在妥协

问题学生的教育转化不可能通过一次努力就完成；教育的复杂性及问题的反复性，决定了教育的"慢"及教育工作"长期性"的特征。

一、案例呈现

《班主任之友》曾在 2013 年第 5 期发表一篇名为《妥协之痛》的文章，并征集对该文的评析稿。本文为评析稿，发表在 2019 年第 6 期《班主任之友》上。

案例的主要内容如下：

×是位"少爷气"十足的学生，学习不勤奋，经常偷懒。但是，也有能让他忌惮的地方：坚决不能请家长。某天，一女生家长举报×找同学替他写作业。经调查，那一周，除了数学作业外，其他学科作业都是×找同学做的。乔老师觉得问题很严重，本想告知家长，无奈×一再央求，乔老师心软，答应再给他一次机会。

谁知×仍然找同学替他补作业。这一次，乔老师拿出笔迹等证据，×无可狡辩，但以痛哭流涕求情的形式，再次获得乔老师的"妥协"。然而，×并没有像他承诺的那样认真学习，经常在课堂上偷玩，其成绩在期末考试中一落千丈，甚至出现了不及格的科目，这是以前从未有过的。

对此，乔老师感觉很后悔，并反思自己当初为什么要一而再、再而三地妥协！乔老师说，对于×这样的学习不够主动、自觉性差的学生来说，如果当初能够及时告知家长那些问题，取得家长的支持与配合，结果可能要好得多。

乔老师在文章的结尾写道：对我来说，一个学生或许只是几百分之一，而对他的家庭来说，那就是百分之百；做一个让学生喜爱的班主任固然很重要，但这种喜爱不是靠迁就、妥协得来的。

二、案例分析

根据文字来看，乔老师对自己的妥协之举颇为在意，并深深地为自己当初的妥协之举纠结。事实上，我以为乔老师的痛并不在妥协之举，乔老师并没有真切体悟到痛的根源。

在一位女生家长举报之后，乔老师发现了男生×找同学代写作业的问题。对此，乔老师先是找×谈话，×在全盘承认的前提下，央求乔老师不要告知家长，并答应补齐前面落下的作业。

此时，乔老师的想法是"先让男生×补完作业再说"，然后意识到"这样的事应该告诉家长了，要请家长每晚监督他的作业"。按理说，乔老师此步的处理没有什么缺陷——班主任遇到问题后，先调查清楚问题，在想到良好的对策之前，理应不该盲目地胡乱处理。

让人意想不到的是，×竟然又让同学代写作业！乔老师在发现问题后强压怒火，在他中午来交作业的时候，乔老师通过验证字迹、调查取证等理智手段让×不得不承认再次找人代写作业的事实。

我关注的是，×中午就来交作业，那么乔老师要求×什么时候交作业呢？如果乔老师要求×在中午交作业，那我不得不说，乔老师有造成×再次找人代写作业的客观原因——半天的时间，×除了要正常上课外，还要补做一个星期的作业，怎么可能完成，因为时间太紧了！

如此这般，×意识到凭自己一人之力很难在规定时间内补完一周的作业，但又不想再就此事和班主任商讨以争取更充足的时间（比如"怕班主任说他找理由"等），所以才"被迫"再次找人代写，这是其一。当然，这是分析×难以补齐作业的客观原因，并不是说×找人替写作业合理。

其二，如果乔老师没有要求×在中午或中午之前补完作业，那么乔老师又是如何具体要求的呢？乔老师有没有思考如何使补完作业的要求具有可操作性？乔老师有没有给予×可行的指导呢？这些信息，乔老师在文中没有提及，我们无从得知。但是，需要说明的是，乔老师已经知道了×找人代写作业的前车之鉴，那么在要求×补完作业的时候有没有意识到需要防一手呢？

在发现×再次找人代写作业之后，乔老师在×的苦苦哀求、痛哭流涕及信誓旦旦的保证之下，再次"妥协"了——没有全面向家长反映问题。在此之后，乔老师的文字多是描述×出现的不符合承诺的表现，但是并未提及乔老师自己的所作所为，而这正是我的关注之处——在类似于男生×的学生面前，乔老师做了哪些工作？乔老师如果以为学生的一次悔过和保证就能彻底改变学生的不良言行，那么就违背了"问题的反复性"等规律。在教育实践活动中，一劳永逸的事情少之又少。

三、案例启示

通观全文，乔老师眼中"妥协"的主要意思是"没有及时和家长沟通"，"妥协之痛"的主要意思是"我因为没有和家长及时沟通，错过了教育转化学生的最佳契机，以致让学生的成绩及习惯都没有得到改善，所以觉得遗憾和愧疚"。

不可否认，家校之间的联合在教育转化学生的过程中有着非常重要的作用。但是，我们也应该看到家校联合的方式并不能成功解决所有问题，而乔老师此文隐含的意思是"如果当时及时和家长沟通了，说不定就可以解决问题了"。事实上，乔老师可以设想一下，如果当时和家长及时沟通了，那么后来乔老师该怎么做呢？我以为，和家长沟通仅仅是教育转化学生的一部分，当然这部分是非常重要的。正鉴于此，我以为乔老师的痛，并不在妥协，而在"不了解学生"和"缺乏制订可执行的长期计划"两方面。

了解学生是教育转化学生的基础，乔老师并未调查×找人代写作业的原因及不能很好地践行诺言的原因，没有问询，更没有通过一些科学的方式进行调查。离开了对学生的了解，一切教育转化的行为都无异于隔靴搔痒。

问题学生的教育转化不可能通过一次努力就完成；教育的复杂性及问题的反复性，决定了教育的"慢"及教育工作"长期性"的特征。从乔老师的文字来看，乔老师所做的工作仅是确认一些事实、获得学生的承诺等，而没有制订可执行的长期计划，对做什么、怎么做、可能遭遇的难题是什么、预防的措施是什么等缺乏系统的思考和扎实的实践。

当然，特别难能可贵的是，乔老师在处理×的相关问题时，虽然也愤怒，但是并未将自己的愤怒转嫁到×身上，更未做出鲁莽粗暴之举；相反，乔老师还特别能体会×的痛苦。这种冷静和慈悲，是处理学生问题的最重要的非智力因素，我相信乔老师在处理类似问题时会越做越好。

4."硬到底"不如"退下来"

任何时候，我们要寄希望于自己还可以怎么样，而不能寄希望于学生应该怎么样。

一、案例呈现

据《新京报》报道，2013 年 9 月 14 日，某中学高三学生雷某不满班主任孙老师的管理而将其杀害。记者从校方获悉，双方矛盾源于 9 月 13 日，雷某在课堂玩手机被孙老师收走；在与雷某谈话时，孙老师要求雷某叫来家长，将手机直接交给家长。

事发当日上午，雷某曾到该校分管德育的副校长办公室反映和班主任孙老师有矛盾。随后，该副校长将孙老师喊来一起协调，进行了约半个小时的说服教育，其间两人很平静，未出现激烈争吵。但在 11 时 26 分许，雷某手持一把水果刀进入办公室，在孙老师毫无防备的情况下，割破孙老师的颈动脉，导致孙老师当场死亡。

校方称，从外地转来的雷某喜欢上网，在学习方面"跟不上趟"，于是经常在课堂上睡觉，越来越不适应高三的竞争环境和老师的严格管理，开始自暴自弃，并以自己的方式反抗老师和父母。孙老师在 2008 年研究生毕业后来到学校教化学，因为喜欢教学，主动申请教三个班，善于"快改、快讲、快评"，特别讲究效率，对自己严格，对学生也严格；在一个年级 100 多位老师中，学校评选 9 个优秀教师，孙老师是其中之一。

二、案例分析

从新闻报道来看，雷某对孙老师的抵触由来已久：雷某从外地转来求学，但却"跟不上趟"，于是自暴自弃，出现了在课堂上睡觉、玩手机的不良言行；高三教学压力大，孙老师又特别严格，必然会因为雷某的不良言行而和雷某沟通，甚至会批评雷某；一个想玩手机想放弃，一个不让玩手机不抛弃，那么师生之间的矛盾迟早会产生。

也就是说，在事发之前，雷某对孙老师的积怨已经很深了。

事件的导火索就是孙老师没收了雷某的手机。

在这个过程中，孙老师出现三次表现比较强硬的时刻：一是发现雷某玩手机时，孙老师把雷某的手机没收，按照常理来说，雷某应是极不情愿的；二是在与雷某沟通时，孙老师要求雷某叫来家长，要把手机直接交给家长，从事后来看雷某是没有喊家长来的，于是两者一直僵持着；三是在主管德育的副校长参与调解孙老师与雷某之间的矛盾后，孙老师并未有效缓解两者之间的矛盾，而是继续僵持着。

从孙老师的角度来看，从外地来求学但平时又不勤奋学习，这已经不能让人心平气和地接纳了；在教室公然玩手机，又不服管教，这足够令人气愤了；到校领导处告状，不仅不思悔改，而且变本加厉，这是触碰别人的底线了……作为班主任同行，我们可以非常容易地想象出孙老师的苦闷、愤怒和绝望。但下一步，孙老师打算怎么做呢？

从雷某的角度来看，从外地来求学，但一直跟不上趟，这会让人意志消沉；学习跟不上趟，各方面还要受到严格管理，这会让人感到万事不顺；唯一能在手机里找一些慰藉，但手机被班主任没收，而且还要被告知家长，同时副校长也不能帮助他彻底解决问题，这会让人觉得走投无路……对于雷某的困境，我们可以想象出来——当然，这些困境，多半是由雷某自己的原因造成的。但是，下一步，雷某可能怎么做呢？

如此分析，我们不难得出一个结论：孙老师和雷某都一直憋着一口气，都一直往前冲，都没有拿出明显的退一步的言行。从各自的角度来看，他们的选择均源自人之常情，都可以在一定程度上被理解。

然而，他们均忽视或淡化了自己的角色：孙老师是一名班主任，是教育者，前前后后是否想过要变换一下与雷某的交往方式；雷某是一名学生，是受教育者，前前后后是否想过孙老师为什么这样严格要求自己？

作为教育者，我们必须要有的一个意识是：任何时候，我们要寄希望于自己还可以怎么样，而不能寄希望于学生应该怎么样，因为我们是教育活动中的主导者，这是教育各要素之间的关系要求，也是对成人的更高要求。这有点残酷，但现实情况的确是这样。

三、案例启示

当下，在谈到教师的职责时，人们都会想到教书育人。这是没有错的。但是，教书育人必须建立在能够自我保护的基础上。什么意思呢？

我们可以试想一下：在什么情况下，教师最容易受到伤害？

显然，我们在教育转化问题学生的过程中，最容易受到伤害：与家长产生矛盾，家长轻则怨恨、争执，重则举报、谩骂；与学生产生冲突，学生轻则抵触、仇恨，重则辱骂、殴打；与领导产生误解，领导轻则埋怨、批评，重则通报、处分。

因此，我们在处理有关问题学生的复杂事情时，必须树立自我保护的意识：在与家长沟通时，必须让言行符合法律法规要求，不要留下任何把柄；在与学生相处时，必须让言行符合职业道德规范，不要做什么出格的事情；在与领导交往时，必须做到善于自我批评、积极汇报情况、主动求助破局。

也就是说，我们在处理有关问题学生的复杂事情时，必须做到"灵活变通"，懂得转变思维方式，知晓"条条大道通罗马，方法总比问题多"的道理，让自己的方法有可伸缩的余地，不能采用"一竿子硬到底"的方法，否则把别人逼到了墙角，也让自己没有了退路。

就像案例中的孙老师，当他和雷某从副校长办公室走出来时，是否意识到雷某在向副校长求助之后，已经变得无路可走了吗？如果雷某还有下一步的行动，是不是只剩下和他爆发冲突这一条绝路了呢？此时此刻，孙老师是否想过退一步，坐下来好好和雷某谈谈，商量一种双方都可以接受的方法来解决手机问题呢？

从事件的发展来看，孙老师并没有采取这种退一步的方式，或者未能有效应对危局。当然，我这是"事后诸葛亮"。我们不能苛求孙老师在那样苦闷、愤怒和绝望的时刻，还必须做到完全理智。然而，从事件的发展进程来看，孙老师和雷某从副校长办公室走出来的时刻，既是双方最无助无奈的时候，也是事件可能发生转折的重要节点。

事实上，在很多事情发生后，我们变得足够冷静时，能感受到自己先前所采用的方法是多么肤浅、固执，同时意识到有太多更好的方法供我们选择。如此，我们当初为什么还要"硬到底"呢？问题学生的教育，和理念有关，和思维有关，和安全有关，和面子无关。

在教育问题学生时，有时硬到底，实在不如退下来。

你觉得呢？

5. 一瞬间可酿终生恨

有些错误，只需要一瞬间就可完成，却能毁掉一辈子。谨慎吧。

一、案例呈现

在我的班主任生涯中，有一件事情，至今让我感到后怕。

当时正值冬天，天气很冷，早晨的被窝让人万分眷念。不巧的是，我们学校实行晨跑制度，全校师生不得不在寒冷的早晨离开温暖的被窝。于是，检查晨跑人数成了学校评比红旗班级的重要组成部分，而督促学生参加晨跑成了班主任每日的必备工作。

在学校的严格要求及班主任的反复提醒下，绝大多数学生都能按时参加晨跑。当然，总会有那么几位，经常以各种理由不参加晨跑。但大家都心知肚明，这些理由多半是逃避晨跑的借口。当然，这些学生都特别"有分寸"，大多会隔三岔五缺勤一次，一般不会出现连续性缺勤的现象。

然而，小峰（化名）是个特例。

某周周一，小峰没有参加晨跑，理由是"同学没有喊他"；周二，小峰没有参加晨跑，理由是"闹钟未响"；周三，小峰没有参加晨跑，理由是"动作慢了";周四，小峰没有参加晨跑，这一次，我没有问他原因，而是直接捶他一拳！

客观地说，对于前三次的缺勤，我内心的波澜虽然一次高过一次；但在表面上，我还是足够平静和理智，对小峰"动之以情、晓之以理"。但是，当周四小峰再次缺勤时，我忍无可忍，把他喊到办公室后，我没有问他原因，就直接朝着他胸口把拳头砸过去！

我砸过去之后，小峰捂着胸口，后退三步，然后慢慢蹲下来……那一刻，我觉得是我教育生涯中最冷静的时刻，我害怕极了，害怕小峰真的会受到伤害；同时，我也想了很多，想到了以前的努力，想到了自己的身份，想到了以后想要的工作和生活。

不知过了多长时间，小峰才慢慢站起来，走到我面前，平静地说："老师，我以后会参加晨跑的。""我相信你，回去吧！"我说道。小峰走后，我一下子瘫坐在椅子上，脑袋一片空白，真不知道该如何形容那段时间。

其实，小峰经常出现一些违纪行为，并不算班级最调皮的学生，平时也并没有出现严重的违纪行为，虽然实在谈不上品学兼优，但确实也算不上让我非常头疼的学生。小峰以前从未缺席过晨跑，这以后也没有缺席过晨跑，为什么那一周会一连四天缺席晨跑呢？小峰没有说出任何经得起推敲的客观原因，小峰的室友也没有反馈什么特殊情况。

从那以后，小峰基本没有缺席过晨跑。而我，也找个机会，真诚地给小峰道了歉。

二、案例分析

可以肯定的是，作为班主任，我主动对学生动手，这一点是错误的——既可能严重伤害学生的身心，也明显违反了职业道德规范。说到天边去，我也是犯了错误的。正因如此，我这些年不断对这件事情进行反思，也不断督促自己必须先做一名合格的班主任。

当然，如果我要找客观理由推脱责任，那么我是能找到的：小峰连续四天缺席晨跑，而且所说理由过于牵强，就凭这一点，我就有理由生气，更何况我在前三次处理的时候，已经做到了仁至义尽。这样推理，我确实能为自己找到生气的客观原因。

然而，这正是问题的根源所在。

班主任有生气的原因，难道就可以非常生气吗？难道就可以不顾一切地发泄吗？这是讲不通的，也正是班主任的工作误区。其实，班主任非常生气，很容易产生三个恶果：一是瞬间丧失任何教育智慧，多半只能让问题越来越棘手；二是极容易不顾言行底线，让学生受到身心伤害；三是随时有可能为自己挖好断送职业生涯的坟墓。彼时，班主任可以生气，但必须远离学生及其家长等。

现在，回到案例中来，我捶打小峰的胸口，如果力气再大一点，可能会出现什么不良后果呢？经查，用力捶打胸口，可能导致胸口疼痛、心跳骤停、心脏破裂等。不管是哪一样，小峰是不是都受到严重伤害？而我，也必定会为此事悔恨终生，并付出沉重代价。

再说，如果小峰及其家长找领导投诉，我会不会受到处分？如果小峰及其家长把这件事情发到网上，我会不会成为网红？如果某记者再以《班主任一拳把学生打退三步》《班主任一拳把学生打得半天站不起来》《动不动就用拳头砸学生胸口，这样的班主任你怕不怕》等标题把我报道一番，我会不会成为永久的班主任反面教材……我实在不敢想下去。

一瞬间完全可成终生恨！

那么，这件事情为什么没有朝着最严重的方向发展呢？

首先，小峰给予我极大宽容。

说实话，如果小峰抓着这件事情不放，不能宽容我，不管我打得重不重，我都是错误的，小峰一告一个准。然而，小峰宽容了我。小峰为什么会宽容我？这当然由小峰的优良品质决定。小峰虽然出现不少违纪行为，但在品质方面是过得去的，不仅没有整班主任一顿，而且还大度地宽容了班主任。

其次，小峰对我没有任何积怨。

那一年，是我第一次担任高一班主任，我发自内心地对所有学生好，当然也操了很多心；在这个班级分班时，同学们以我平时穿衣服土气为由，给我买了韩版的衬衫及棉背心；我对他们用心用情，他们确实也感受到了，小峰对我这个班主任应该是没有积怨的。因此，这件事情虽然有导火索，但是没有炸药桶，自然也就爆炸不了。

最后，我所用的力气比较小。

如果我用力过猛，真的把小峰打伤了，那么这件事情必然会成为大事，其他一切都是白扯。事后，我回想一下，当时我坐在办公桌前，小峰走到我身边，我们离得很近，我根本没有足够空间伸展手臂勇猛发力。因此，我对小峰的"捶"——当然是"捶"，但主要起到"推"的作用。我当时年轻气盛、血气方刚，虽然不是大力士，但也有一身蛮力，如果用尽全身力气来捶小峰一拳，我想小峰多半会受到严重伤害。

这件事情的"完美"结局，是多种客观原因的综合使然。

但是，类似事情实在不应该发生第二次。

✎ 三、案例启示

这件事情，给我带来哪些启示呢？

首先，要善于分析事件背后的真实原因。

在那个班级中，小峰是唯一一个连续四天缺席晨跑的学生，这也是我们班级唯一一次出现有同学连续四天缺席晨跑的现象。说实话，高中学生还是比较成熟的，不到万不得已，他们是不会撕破脸皮、不管不顾、我行我素的；更何况，我和学生的关系还不错，他们更不会故意和我对着干。这样想来，小峰连续四天缺席晨跑，可能是他故意的，也可能是另有隐情。但当时的我，对这件事情想得太简单了——因为小峰不是女生，不存在痛经等问题；再说，小峰也没有生病。那么，除此以外呢，小峰有没有其他不便于向班主任明说的原因呢？这是我当时忽略的地方，如果有其他隐情，性质就完全不同了。

其次，班主任无论如何不能对学生动手。

担任班主任，我们要面对各种各样的问题，要面临各种各样的压力，确实比较容易绝望、冲动、愤怒，一旦调控不了，就可能会出现恶言恶行。但是，我们必须明白一个道理：班主任只要动手，所有错误都是班主任的，即便获得同情和理解，也不是什么光荣的事情，极有可能让整个教育生涯蒙羞。这个代价，太沉重了；作为普通教育工作者，我们承担不起。有些错误，只需要一瞬间就可完成，却能毁掉一辈子。谨慎吧。

最后，真心实意对每一个学生好。

如前所述，因为当初没有什么带班智慧，我所带的这个高一班，遭遇过很多困境，谈不上多么优秀；但让我非常欣慰的是，我和任何一位学生之间从未出现过明显的矛盾。有少数学生可能一时对我的做法感到不理解，但也仅仅是不理解而已，他们对我这个人是没有抵触的。这一点，也是我这些年一直坚持的做法，只要当班主任，就无条件地真心实意对学生好，包括对待问题学生；学生非常聪明，他们完全看得出什么是虚情假意，什么是真心实意。

对学生真心实意好，当然不是为了积攒犯错资本，而是让学生感受到，我们确实是为了让学生成长，而不是纯粹地嫌弃他们、厌烦他们、惩罚他们。有太多班主任与问题学生之间的严重冲突，都是因为缺失友好的师生关系而造成的。对此，我们要非常清醒，也要足够重视，这既是教育工作所需，也是班主任人格魅力的体现。

　　总之，在与长期不见转变的问题学生交往时，班主任不仅容易被坏情绪缠身，也容易崩盘，极有可能在一瞬间酿成终生恨！对此，我们要慎之又慎。

6. 我们身后没有依靠

我们如果不触碰师德师风高压线，那么这就是最稳妥的保护自己的方法，没有什么方法比这更稳妥的了，因为这种保护是从源头上的保护。

一、案例呈现

2019 年 4 月 29 日下午，某中学两名初三学生上课迟到，被班主任杨老师要求站到教室门口反省。然而两人擅自离开门口，并到操场上玩耍。杨老师发现后，在教学楼楼道内，对两位学生进行批评教育达十多分钟，其间还用课本抽打他们。而在该地教体局的通报中，杨老师还让两位学生蹲在地上，用脚踢两位，导致一学生脸部、颈部、腿部等多处红肿。

涉事学生随即报警（一说学生家长报警）。辖区派出所迅速出警，依法调查，开展相关工作。但是，按照《未成年人保护法》规定，对于体罚学生的教师，应由教育部门处分。对此，派出所与教育部门进行了沟通，移交教育部门处理。

5 月 5 日，学校对杨老师给出了停职、道歉检查、取消评优、党内警告、承担诊疗费五条处理意见；7 月 2 日，当地教体局又做出追加处罚：从当年 5 月起扣罚一年绩效工资、不准学校再与杨老师签订事业单位聘用合同、纳入当地信用信息评价系统"黑名单"。

两份处罚曝光后，舆论一片哗然。公众反应与以往大多痛斥"体罚"老师不同，反而认为对老师的不再签订聘用合同、纳入信用"黑名单"等处罚过重。此外，在记者接触的该学校学生以及当地市民中，大多不相信杨老师会"踢打"学生，而家长自始至终都没有拿出可作为依据的照片、诊断书或检查报告。

不仅如此，在记者询问过的学生和老师眼里，杨老师是一位"好老师"，他们对杨老师颇有赞誉之词。记者在该校官方微信公众号中查阅发现，杨老师曾获得"省艺术教育先进个人""市优秀班主任""县优秀教师"等荣誉称号。

在舆论持续发酵后，7 月 28 日，该县人民政府网站发布信息，称教体局和学校被严厉批评，教体局已撤销追加处罚决定，并根据杨老师的个人意愿，将其从原来的学校调去该县一中。目前，当事双方已通过协商达成和解，同时教体局会全力做好教师、学生的后续安抚、思想工作，还会加强师德师风建设，维护好师生合法权益。

二、案例分析

在经历一波三折后，杨老师算是得到了比较公正的处理。对于广大班主任来说，我们的心也更加踏实了，毕竟这一次社会舆论站在了班主任这一边，让我们看到公众对教师的困境有了更客观的评价，仿佛我们身后有了强大的依靠。

而这恰恰是我最担心的。

试想，案例中的剧情为什么会出现大反转？

有四个时间点，特别有意思：事情发生在 4 月 29 日，学校在 5 月 5 日做出处理；教体局在 7 月 2 日做出追加处罚；县政府在 7 月 28 日做出裁决。教体局的追加处罚，差不多是在学校处理后的两个月后；县政府的裁决，差不多出现在教体局追加处罚的一个月后。

我为什么要提到时间？

从时间上我们至少可以看出以下信息：学校用五天时间对杨老师做出处罚，时间不长，但足够学校研究问题；教体局的时间有近两个月，也拥有足够长的时间来研究问题。但是，他们研究的结果是什么？他们研究的结果是：从严从重处理杨老师！

一个是所在学校，一个是主管部门，这样的处罚是不是让班主任们非常寒心？！

然而，这就是事实。

不过，我们完全可以理解他们的做法，因为师德师风问题一直是教育领域的高压线，备受社会关注。为此，学校和教体局必须表现出明确的态度来。但是，学校和教体局在顾及面子或迫于压力的情况下，采取了"牺牲老师，维护声誉"的极端做法。也就是说，在时间那么充裕的情况下，他们没有对杨老师呈现出任何一点"能理解，想保护"的做法。

此时的杨老师，不再是"省艺术教育先进个人""市优秀班主任""县优秀教师"了，而是一个烫手的山芋，学校和教体局都怕烫到自己，所以"痛下杀手"，以撇清关系。此刻，谁敢说自己所在学校及所属教体局能做得比这更好？！

如果杨老师获得了国家大奖，那么学校和教体局都会笑嘻嘻地围过来，因为那是往脸上贴金的事情，都会争着抢着做的；但这是负面的事情，能跑得远一点，就跑得远一点，以免溅到腥臭味。这些话，绝对不是发泄不良情绪使然，着实是有客观原因的。

很多学校和教体局具有的思维已经不是教育思维，而是管理思维：谁捅娄子，就处罚谁；谁做出成绩，就表扬谁。这种思维，对于老师来说，是非常可怕的，因为这种思维淡化或忽略了教育的复杂性，用这种思维处理问题难免简单粗暴，以致"主管教育的人，反而不懂教育的复杂性，不懂教师的困境"。

事实上，这件事情的处理，和县政府其实没有什么关系。但是，县政府为什么参与进来？事实上，如果不是这件事情引发了舆情，对当地县政府造成了很大压力，那么他们会对一名教师被教体局处分这样的事情加以关注或者能关注到吗？

说到这，我们可以看出：剧情大反转，或许只是一个偶然。

三、案例启示

这件事引起广泛关注，那么可以给我们带来哪些启示呢？

首先，学校及教育主管部门的视角与一线班主任的视角是不同的。

我坚信，每一个人都是心存善念的，在不牺牲自身利益的前提下，学校及教育主管部门肯定会为教师撑台。但是，学校及教育主管部门的视角与一线班主任的视角是不同的；视角不同，思维方式就不同，对事物的评价方向及评价结果往往会有比较大的差异。

这也是上述案例中学校及教体局为什么会从严从重处罚杨老师的原因——学校及教体局当然不会故意针对杨老师，但杨老师是师德师风的践行者和被管理者，而学校及教体局是师德师风的制定者（至少是维护者）和管理者。这种身份决定了看待问题的视角，因为践行者和被管理者主要考虑自己的艰难，而制定者（或维护者）和管理者主要考虑制度的权威。

因此，在处理负面问题上，一线班主任与学校及教育主管部门是很难走在一条路上的，因为他们的视角完全是不同的。从这个角度来说，在关键时刻，一线班主任是不能依靠学校及教育主管部门来帮忙解决棘手问题的。

其次，能全心全意保护我们的，只能是我们自己。

我们自己保护自己，这是最稳妥的方法。为什么这样说呢？我们如果不触碰师德师风高压线，那么这就是最稳妥的保护自己的方法，没有什么方法比这更稳妥的了，因为这种保护是从源头上的保护。我们不违反师德师风规范，当然不会受到处罚。

也就是说，我们要牢记师德师风规范，无论如何不触碰师德师风高压线，尽量做到不越雷池一步。上述事件的发生，源自杨老师对两个问题学生教育方式的不当。这就告诉我们，在教育问题学生时，是特别容易触碰师德师风高压线的，需要我们特别注意。

最后，舆情是把利剑，可能"杀敌"，也可能"伤己"。

上述事件的反转，让我们看到了舆情的强大力量。万幸的是，这次舆情是朝着有利于杨老师的方向发展的。但是，我们不能忽视的是，这次舆情虽然保护了杨老师的饭碗，是否也对杨老师造成了伤害？这次舆情对杨老师产生的影响还可能持续多久？杨老师是否还能像以前那样自然而然地做班主任？未来的学生、家长及同事会如何看待杨老师？

教师一旦被舆情裹挟，就很难再坦然做教育了。从这个角度来说，我们要尽量避免陷入一些舆情，特别是因负面事件引起的舆情之中，因为教育问题学生的一些特殊言行，我们根本解释不清楚。比如，问题学生犯错了，我们批评了问题学生，如果问题学生及家长说我们是斥责，那么我们如何证明自己不是斥责呢？这是没有什么标准的。因此，在处理一些有关问题学生的棘手问题时，我们不能假设舆情就一定是百分百朝着有利于我们的方向发展的，更不能有依靠舆情来帮助我们翻身的幻想。

后　记

减肥与教育学生

今年暑假，我刚回到老家，一年未见过我的侄女，看看我读大学的照片，看看现在的我，不由感叹说："叔叔，你已经成功变成标准的油腻男了！"侄女之所以发出这样的感叹，主要是因为我的大肚腩——用我儿子的话说，爸爸，你的肚子里有两个小宝宝吗？

其实，我女儿曾经反复给我说过："爸爸，你太胖了！"那时，我就审视过自己的身体：身高只有区区 170 厘米，体重却高达 160 斤！近几年的体检单上，医生无不语重心长地给我提建议：少吃多动！我也因此多次产生锻炼的心思，但也多次因为各种理由而未能付诸行动。

今年 8 月 9 日，我下定决心开始减肥——当然不仅仅是为了"瘦"，更是为了预防因肥胖而带来的各种疾病。这一次，我是认真的，当然也是严肃的。我每天晚上坚持跑五公里，跑完后还会做一些压腿、俯卧撑、仰卧起坐等活动。

到 8 月 26 日，17 天后，我瘦了约 6 斤！

这样的成绩，既让我感到惊喜，也让我焦急。惊喜的是，17 天的坚持，多多少少产生了一点作用，这说明我采用的减肥方法是有效的；焦急的是，坚持了 17 天，才瘦了 6 斤！说句实话，每天的跑步，有时真的需要

"咬牙坚持"，绝不是那么容易完成的。

就在此时，我想起减肥与教育学生的关系——减肥之所以艰难，是因为脂肪对人体的依恋；教育学生之所以艰难，是因为问题对学生心灵的依恋。人体没那么容易摆脱脂肪，学生心灵没那么容易摆脱问题，问题就像附在人体上的脂肪。

也就是说，脂肪特别容易黏上人体，问题特别容易黏上学生心灵！为什么呢？甜食、冰激凌、红烧肉等，多好吃啊！打盹、不交作业、上网打游戏，多自由啊！这些都是充满诱惑的事物。可见，脂肪和问题，都是在极大满足人们欲望的情境下产生，抑或是在让人们轻松快乐的情况下产生的！这是多么容易就能完成的"任务"啊！

相反，去掉脂肪、消除问题，不仅不能在轻松快乐的情况下完成，还需要付出长期的努力——这不仅需要科学合理的方法，更需要坚忍不拔的意志！客观地说，具备这种品质的人很少，所以成功减肥从来都不是大概率事件。

从这个角度来说，脂肪已与人体达成了某种程度的融合，彼此和平共处，进入了"相互包容，相互适应，相互依恋"的模式，难舍难分；同理，问题与学生心灵达成了某种程度的融合，彼此和平共处，进入了"相互包容，相互适应，相互依恋"的模式，难舍难分。

就是因为减肥这么艰难，所以减肥人容易进入各种极端模式——过度控制饮食，吃各种减肥药，甚至参与抽脂手术等。减肥人之所以采用这些极端方式，就是为了"快"。对于教育学生来说，很多老师，包括我在内，也特别希望学生尽快朝着期待的方向转变，于是出现了"吼""罚""损"等极端现象。作为有经验的减肥人及老师来说，我们都知道，这样做的副作用比正作用大多了，甚至会产生很多后遗症。

正如前文所说，在长期融合的过程中，脂肪与人体、问题与学生心灵，均进入了"相互包容，相互适应，相互依恋"的模式，在自然状态下根本不可能快速分离。因此，减肥与教育学生，都需要特别"长期"且"温和"的方法。

哪些方法符合"长期"且"温和"的特征呢？

以减肥为例，多走少坐、坚持体育运动、多吃蔬菜水果、少食富糖富油食物等，都是可以长期采用的温和方法；以教育学生为例，多谈心、多鼓励、多关爱、适当惩戒等，都是可以长期采用的温和方法。当然，需要说明的是，无数事实证明，上述这些方法都是科学的。

综上所述，不管是减肥，还是教育学生，都需要采用一些行之科学有效、便于长期开展、适于温和实施的方法。减肥人和教师，要耐住性子使用这些方法，不求快但求实，积小功为大功，即便不能从根本上解决问题，也绝不制造新的问题。这才是长久之道。

这本书包含的内容，正是基于这样的思考而实践、整理、呈现的。因此，这本书的内容，不会出现"锦囊妙计""一招制胜""出奇制胜"等等方法，有的是"随风潜入夜""泉眼无声惜细流""此时无声胜有声"。这代表了我的拙见，当然也显示出我的智慧不够。

谨以此书献给"在沙漠中行走"的学生、老师和家长，希望他们早日"走出沙漠"。

欢迎教育同仁批评、指正！

2021 年于深圳